Sobre educação

FUNDAÇÃO EDITORA DA UNESP

Presidente do Conselho Curador
Herman Jacobus Cornelis Voorwald

Diretor-Presidente
José Castilho Marques Neto

Editor-Executivo
Jézio Hernani Bomfim Gutierre

Conselho Editorial Acadêmico
Alberto Tsuyoshi Ikeda
Célia Aparecida Ferreira Tolentino
Eda Maria Góes
Elisabeth Criscuolo Urbinati
Ildeberto Muniz de Almeida
Luiz Gonzaga Marchezan
Nilson Ghirardello
Paulo César Corrêa Borges
Sérgio Vicente Motta
Vicente Pleitez

Editores-Assistentes
Anderson Nobara
Henrique Zanardi
Jorge Pereira Filho

Harry Brighouse

Sobre educação

Tradução
Beatriz Medina

© 2006 Harry Brighouse
© 2011 da tradução brasileira
Título original: *On Education*
Todos os direitos reservados, tradução autorizada da edição de língua inglesa publicada por Routledge (Taylor & Francis Group)

Fundação Editora da Unesp (FEU)
Praça da Sé, 108
01001-900 – São Paulo – SP
Tel.: (0xx11) 3242-7171
Fax: (0xx11) 3242-7172
www.editoraunesp.com.br
www.livrariaunesp.com.br
feu@editora.unesp.br

CIP – Brasil. Catalogação na fonte
Sindicato Nacional dos Editores de Livros, RJ

B864s

Brighouse, Harry
    Sobre educação / Harry Brighouse; tradução Beatriz Medina. – São Paulo: Editora Unesp, 2011.
    152p.

    Tradução de: On education
    ISBN 978-85-393-0149-2

    1. Educação. 2. Pedagogia crítica. 3. Didática. 4. Cidadania – Estudo e ensino. 5. Educação – Finalidades e objetivos. I. Título.

11-3880.   CDD: 370.115
                                            CDU: 37.017

Editora afiliada:

Sumário

Introdução 1

Primeira Parte
Metas educacionais 11

1 Educar para o autogoverno 13
2 Educar para a participação econômica 27
3 Educar para o florescimento 43
4 Criar cidadãos 63

Segunda Parte
Questões políticas controvertidas 75

5 O governo deveria sustentar escolas religiosas? 77
6 As escolas deveriam ensinar patriotismo? 95
7 A educação para a cidadania deveria ser obrigatória? 115

Conclusão 131

Referências bibliográficas 137

Índice remissivo 141

Introdução

Cada vez mais se espera que as escolas compensem as falhas de outras instituições sociais. Pela primeira vez na História, esperamos que as escolas eduquem todos e não só aqueles cujos pais foram instruídos. E esperamos que façam isso apesar de uma proporção elevada de crianças serem mantidas na pobreza e cercadas, cada vez mais cedo, por uma cultura popular fervorosamente anti-intelectual.

Esperamos que as escolas deem conta das consequências emocionais de estruturas familiares rompidas e cada vez mais complexas. A nossa economia exige dos adultos longas horas de trabalho, e, mesmo quando os pais da criança moram juntos, é comum que precisem trabalhar essas longas horas para sentir que acompanham o seu grupo de referência – e para oferecer à criança os bens materiais exibidos na televisão e pelos colegas. Portanto, as escolas lidam com um número significativo de crianças que não têm um único adulto com quem compartilhar a vida quando saem pelo portão da escola.

A nossa economia também é rica e complexa. Esperamos que as escolas preparem uma força de trabalho numerosa e talhada de forma variada.

Ao mesmo tempo, elas têm de lidar com as exigências e a interferência de pais que, não sem razão, se sentem com o direito de interferir no que acontece com os filhos nas cerca de 15 mil horas que passam na escola. Políticos, pais, empregadores e até as crianças vivem proclamando o que as escolas deveriam fazer. Este livro reforça esse coro.

Na Primeira Parte, explico e defendo um conjunto de princípios que escolas, formuladores de políticas e educadores deveriam adotar. Esses princípios se baseiam nos interesses da criança e não nos da sociedade como um todo, nem empresas comerciais, nem igrejas, nem dos pais. No Capítulo Um, sustento que a criança tem direito de aprender várias maneiras de viver, de receber o tipo de educação que lhe permita refletir sobre o seu modo de vida à luz dessas alternativas e, em última análise, de rever ou rejeitar o modo de vida a ela legado por seus pais. Esse direito se aplica tanto aos compromissos religiosos quanto aos costumes morais do ambiente doméstico. No Capítulo Dois, defendo que ela tem direito a uma educação que lhe permita ser participante autossuficiente da economia quando jovem adulto e que focar esse direito estabelece o limite da obrigação da escola de preparar a criança para a economia. O fato de a economia precisar de mais encanadores, programadores de computador ou recepcionistas não dá à escola razão para gerar mais pessoas habilitadas a esses serviços, mas o fato de a criança ter direito a uma participação autossustentada na economia dá à escola razões para prepará-la para tal. No Capítulo Três, afirmo que a criança deve ser educada para, seja qual for a sua participação na economia, ter uma vida rica e florescente, o que exige que a escola se concentre mais naquilo que certos formuladores de políticas gostariam que os norte-americanos chamassem de educação liberal e que os britânicos às vezes chamam de currículo acadêmico elitista. No Capítulo Quatro, discuto o dever da escola de educar a criança para que possa ser participante eficaz e racional na tomada pública de decisões e em sua execução. Em termos gerais, a criança ficará bem servida se houver outros participantes eficazes e racionais e se for capaz, na idade adulta, de também ser eficaz e racional. E ela terá mais chance de viver numa sociedade justa e de impor sua vontade quando se defrontar com medidas injustas.

A muitos leitores, alguns desses princípios parecerão óbvios; uns (espero) acharão *todos* óbvios, mas outros poucos acharão que todos estão errados. Embora eu preveja que muitos leitores serão favoráveis a esses princípios (até porque todos tendem a ler livros com os quais esperam concordar), devo ressaltar que principalmente os dois primeiros são muito contestados, pelo menos em público. Grupos defensores dos direitos dos pais insistem que estes deveriam ter muito mais controle sobre o desenvolvimento moral dos filhos do que permitiria o meu primeiro princípio e até que deveriam protegê-los de modos de vida divergentes de seus próprios. Muitos educadores influenciados pelo multiculturalismo acreditam que é importantíssimo educar as crianças das minorias étnicas de um modo compatível e reforçador de sua cultura doméstica. Alguns multiculturalistas chegam a afirmar que a cultura doméstica da criança configura o que ela é capaz de aprender.

Do mesmo modo, os políticos argumentam com frequência que em nome do crescimento econômico futuro deveríamos investir mais em educação ou reformá-la. Os empregadores se queixam de que o sistema educacional não atende às suas necessidades, e os políticos lhes dão ouvidos (se agem efetivamente para atender a essas exigências é outra questão). Os países em desenvolvimento realmente têm razão de se preocupar com o crescimento econômico futuro, mas não os países desenvolvidos. Nestes, o cidadão está cercado pelos frutos da economia desenvolvida. Sem dúvida, esses frutos são mal distribuídos, entretanto, pelo menos em teoria, esse problema pode ser resolvido sem necessidade de mais crescimento; e não há possibilidade concreta de declínio absoluto a longo prazo. O estudante precisa do tipo de educação que lhe permita ser participante eficaz da economia, mas não há razão para o Estado dos países desenvolvidos direcionar o sistema educacional para o atendimento a exigências específicas dos empregadores.

Tenho a impressão de que o meu terceiro princípio é menos questionado em público. Contudo, na verdade, cada vez mais ele é extremamente negligenciado pelos formuladores de políticas. Nos últimos vinte anos, surgiu uma cultura de testes, padrões e cobrança de responsabilidades na qual é fácil perder de vista as virtudes da educação para uma vida compensadora, que são difíceis de serem comprovadas. Disponho-me muito mais do que muitos teóricos da Educação a aceitar as práticas de imputabilidade e não acho que elas sejam as únicas culpadas pelo fato de o valor intrínseco da educação ter sido negligenciado. Os ativistas estudantis da década de 1960 que clamavam por "pertinência" soltaram um monstro que não conseguiram controlar. Agora é a comunidade empresarial, e os políticos a ela alinhados, que faz a mesma exigência. Mas pertinência a *quê*? Ao buscar a pertinência ao ambiente imediato da criança e às exigências de curto prazo da economia, desviamos a educação da missão que poderia ter de melhorar a vida. A criança que desenvolve na escola o amor vitalício pela poesia, o fascínio pela História ou o entusiasmo pela Álgebra abstrata obtém algo de importância vital, mesmo que nunca sirva às suas metas econômicas (nem às dos seus futuros empregadores). No Capítulo Três, falarei do significado prático desse princípio para a escola e, especificamente, defenderei que, com esse fim, a escola precisa enfatizar o valor intrínseco da atividade intelectual.

O quarto princípio, de uma forma ou de outra, é muito propalado por políticos e especialistas em Educação. Recentemente, a Grã-Bretanha adotou "cidadania" como matéria obrigatória do currículo nacional. Os estudos cívicos e sociais estão voltando ao currículo das escolas norte-americanas, que também dão

Sobre educação

cada vez mais crédito a atividades voluntárias extracurriculares. Muitos estados norte-americanos renovaram há pouco tempo a exigência de que as crianças aprendam na escola a recitar o juramento de lealdade à bandeira, e muitos distritos escolares adotam um "ato cotidiano de prática patriótica". O Capítulo Quatro trata da meta de produzir cidadãos cooperativos e racionais, do que consiste essa meta e de por que ela é legítima. Nele falarei um pouco de como a escola pode fazer isso com sensatez e racionalidade; e no Capítulo Seis voltarei ao tema e defenderei que ensinar patriotismo está errado e é ilegítimo.

A Segunda Parte do livro aborda, à luz dos princípios que defendi na Primeira Parte, três controvérsias políticas concretas. O Capítulo Cinco trata da questão cada vez mais complicada, em ambos os lados do Atlântico, do emprego de recursos públicos para sustentar escolas religiosas. Embora eu adote princípios que costumam ser associados aos secularistas contrários a esse financiamento (novamente, dos dois lados do Atlântico), defendo que o sistema do Reino Unido (onde as escolas religiosas são sustentadas pelo Estado) é mais ou menos adequado e que os Estados Unidos, à luz dos meus princípios, fariam bem em emular esse sistema o máximo possível. No Capítulo Seis, examino o crescente uso da escola para inculcar patriotismo nas crianças e defendo que, normalmente, isso frustra algumas metas legítimas e importantes da educação. Finalmente, no Capítulo Sete, abordo os problemas em torno da "educação para a cidadania", recentemente acrescentado ao currículo do Reino Unido, embora há muitos anos seja padrão na maioria das escolas públicas norte-americanas (ainda que, em geral, não receba esse nome). A educação para a cidadania foi atacada no Reino Unido como um tipo de cavalo de Troia para a doutrinação pelo Estado. Na verdade, a defesa da educação para a cidadania é forte, mas os seus adversários têm alguns temores bastante sensatos em relação à sua implementação, e escolas e professores deveriam pensar bem ao decidir que abordagem adotar.

5

Harry Brighouse

O leitor já notou que este é um livro pequeno, por isso me concentro em questões públicas sobre a educação que me parecem fundamentais e para as quais, como filósofo praticante que conhece bem o mundo da política educacional e das constatações pertinentes das Ciências Sociais, tenho algo a contribuir. Essa estratégia necessariamente minimiza algumas questões que alguns leitores considerarão mais urgentes. Gosto sempre de receber sugestões sobre outras questões em que pensar, e o leitor pode entrar em contato comigo para sugerir novos trabalhos e fazer críticas a este. Mas quero mencionar três lacunas que serão óbvias a alguns leitores.

Primeiro, embora o livro se chame *Sobre a educação*, concentro-me muito na discussão da *escola*. Todos sabemos que apenas parte da educação da criança acontece em uma instituição de ensino, e muito mais ocorre fora da escola, no ambiente doméstico e de maneiras informais de todo tipo. Esse é mais um fator de complicação, pois aquilo com que a escola pode e deve contribuir para a educação é influenciado pelo que acontece fora de seu território. A minha vida escolar foi excelente, mas boa parte da minha educação veio dos meus pais e outra parte ainda maior da BBC Radio 4. Amigos meus que foram mal na escola se educaram em movimentos políticos ou nas suas igrejas e redes de amigos. Por que, então, eu deveria me concentrar especificamente na escola?

Tenho várias razões. A maioria dos debates públicos sobre educação, pelo menos sobre a infantil, se concentra na escola; e, como quero que este livro seja um compromisso público com os debates atuais, sinto-me no direito de começar por onde o público começa. Mas também é verdade que as sociedades ricas modernas gastam boa parte do produto interno bruto (PIB) na escolaridade formal das crianças. Entender o que se deve fazer com esse dinheiro, dada a impraticabilidade de abolir a escola, é uma tarefa que vale a pena. Para mim, o mais importante é que a escola não deveria ser abolida mesmo que isso fosse viável.

Sobre educação

A escola é o único mecanismo formal e prático que temos para garantir (ou tentar garantir) que todas as crianças tenham acesso razoável à educação, seja qual for o apoio que os pais deem a essa educação. Além disso, para a maioria das crianças alguns aspectos da educação só podem acontecer num ambiente formal. A maioria delas, inclusive as que vêm de lares com recursos e nos quais a educação é muito valorizada, só aprenderá formas mais avançadas de Matemática, línguas estrangeiras e dedicação a música e literatura sérias, se isso acontecer num ambiente formal: a escola. Outras metas educacionais também exigem a escola, ou algo estruturalmente parecido: a maioria das crianças precisa interagir com uma variedade bastante grande de pessoas num ambiente formal e paternalista para se desenvolver como pessoas autônomas e cidadãos cooperativos, por exemplo.

A segunda omissão gritante está ligada a essa. Suponho, no livro inteiro, que a escola será obrigatória para crianças até 16 ou 18 anos, ou idade semelhante. Mas por que assim deveríamos supor? Essa pergunta é motivada por duas considerações bem diferentes. A primeira é que a escola pode ficar cada vez mais ineficaz à medida que as crianças crescem, principalmente para as que não aspiram a realizações acadêmicas; pode parecer crueldade e/ou desperdício mantê-las na escola depois dos 14 ou, talvez, dos 12 anos. A segunda é uma desconfiança geral contra o paternalismo com crianças: alguns críticos da escola obrigatória ressaltam que elas podem se responsabilizar por cuidar dos outros, podem fazer muita coisa com trabalho remunerado e podem se tornar bem parecidas com adultos "responsáveis" com bem menos idade do que a maioria de nós gosta de admitir.

Tenho alguma simpatia pela primeira consideração. Apesar do volume imenso de pesquisas e iniciativas públicas, a escola não descobriu como se sair bem com uma boa faixa de alunos a partir do início da adolescência, e isso é verdade até em países que não relegam grande percentual de crianças a crescer em condições de pobreza (como no caso dos Estados Unidos e do

Reino Unido). Admito que a escola deva ser obrigatória para crianças menores, mas parto do pressuposto de que isso deveria ocorrer para todos até a idade de 16 anos, mais em nome da simplicidade e da discussão do que por ter bons argumentos a favor disso. Mas direi que, se a escola fosse capaz de cumprir as metas delineadas neste livro, esse seria um forte argumento para torná-la obrigatória para idades mais avançadas.

Tenho muito menos simpatia pela segunda consideração. Concordo que as crianças são capazes de fazer inúmeras coisas que os adultos não se dispõem a lhes confiar em tenra idade. No entanto, o custo de oportunidade de lhes permitir que façam algumas dessas coisas em detrimento da educação formal (como faríamos se as tratássemos como adultos) é inaceitável. Muitas habilidades e características só se adquirem na infância; outras são aprendidas com eficiência muito maior nessa fase da vida. Pensemos no aprendizado de idiomas. Quem não aprendeu a língua natal até os 7 anos, não aprenderá mais. Quem não estudou uma segunda língua até os 18, ainda conseguirá aprendê-la, mas será muito mais difícil do que se tivesse estudado antes, e (quase com certeza) nunca a falará sem sotaque. Quando permitimos que as crianças se dediquem durante várias horas semanais ao trabalho remunerado ou que se tornem cuidadoras principais de pais doentes ou de outras crianças, interferimos na sua possibilidade de adquirir as habilidades e características que sustentam uma vida de florescimento nas sociedades ricas modernas. Isso é verdade mesmo que elas sejam trabalhadoras e cuidadoras competentíssimas, e mesmo que prefiram se dedicar a esse tipo de atividade. Temos para com as crianças o dever de lhes propiciar uma infância rica e agradável, mas também o dever de prepará-las para que possam ter uma variedade significativa de oportunidades de vida florescente na idade adulta. A Primeira Parte do livro pode ser considerada um argumento a favor desse dever e um esclarecimento sobre aquilo de que ele se compõe.

A terceira omissão gritante diz respeito à distribuição das oportunidades educacionais. Boa parte do debate público no Reino Unido e nos Estados Unidos diz respeito à desigualdade educacional: até que ponto é justo que algumas crianças tenham uma oportunidade educacional melhor do que as outras? Que fontes de desigualdade educacional são legítimas e quais são injustas? Eu já discorri muito sobre essas e outras questões em outros textos, e aqui a necessidade de brevidade e concisão superou o desejo de abrangência![1]

Ninguém precisa de formação em Filosofia para ler este livro; só é preciso ter passado uns 10 anos na escola e refletido sobre o que acontecia à sua volta. Ele foi escrito principalmente para leitores interessados em educação que já pensaram nas questões: para que serve a escola e como ela deveria se organizar à luz disso? Espero que os meus colegas filósofos e educadores profissionais aprendam algo com ele, mas este livro não foi escrito primariamente para eles.

Tirei os meus exemplos e preocupações quase exclusivamente de dois países: os Estados Unidos e o Reino Unido. Isso incomodará alguns leitores, mas agi assim por duas razões. Primeira, a modéstia: conheço bem ambos os países e os seus sistemas educacionais, ao passo que não conheço bem os outros e reluto um pouco em escrever sobre o que desconheço. Em segundo lugar, porque os dois sistemas são muito diferentes e, portanto, permitem um bom contraste. As questões do livro surgem de maneira bastante diversa nos dois países e, por conseguinte, para os leitores de outros países, concentrar-se neles torna mais fácil, e não mais difícil, entender como aplicar as considerações no seu contexto nacional.

Como extraí os meus exemplos e questões dos Estados Unidos e do Reino Unido, devo obrigatoriamente comentar

---

1 Os leitores interessados talvez queiram dar uma olhada em *School Choice and Social Justice* ou em *A Level Playing Field*.

sobre preferências linguísticas. Quando o inglês norte-americano diverge do britânico, preferi em geral o uso do primeiro; assim, *pupils* [pupilos] são *students* [estudantes], *state schools* [escolas estatais] são *public schools* [escolas públicas] e *primary school* [escola primária] é *elementary school* [escola elementar].[2] A única exceção foi o uso de *secondary school* para me referir à escola secundária ou, nos termos norte-americanos, as séries incluídas na *middle school* e na *high school* [que, no Brasil, correspondem respectivamente ao ensino fundamental II e ao ensino médio]. Fiz isso não por alguma preferência geral pelo uso norte-americano, mas porque, em cada caso, os termos nesse idioma correspondem melhor ao significado das palavras na linguagem comum e vêm se tornando correntes em outros países anglófonos, inclusive no Reino Unido.

2 Ensino fundamental, no Brasil. (N. E.)

Primeira Parte
Metas educacionais

1
Educar para o autogoverno

Consideremos o seguinte caso. Os *amishes* constituem uma comunidade religiosa fechada de alguns estados norte-americanos do leste e do meio-oeste. Vivem de forma muito isolada do restante da sociedade, não pagam impostos nem recebem benefícios do Estado, desdenham muitas tecnologias novas em geral consideradas incontestáveis, não assistem à TV, nem usam automóveis. Praticam o comércio com pessoas de fora da comunidade em escala limitada, e chegam bem perto de ser uma comunidade autossuficiente. No início da década de 1970, um grupo *amish* do meu estado natal de Wisconsin questionou uma lei que exigia que todas as crianças se submetessem a algum tipo de escolaridade formal até os 16 anos. Os litigantes dessa comunidade afirmavam que essa exigência violava o direito à liberdade de consciência, porque no início da adolescência as crianças são muito vulneráveis à influência secular e, assim, submetê-las à educação formal nessa idade prejudica a sua crença em Deus e, em última análise, a sua oportunidade de salvação.

O processo, conhecido como Yoder contra Wisconsin, chegou à Suprema Corte dos Estados Unidos. O tribunal decidiu contra o estado de Wisconsin, e a idade para as crianças dessa comunidade deixarem a escola caiu para 14 anos. Como os *amishes* constituem uma sociedade quase separada e suas crianças não sobrecarregariam o Estado em consequência da falta de instrução (uma vez que pouquíssimos saem da comunidade, e os que ficam não aceitam ajuda do governo), afirmou-se que o Estado não tinha interesse irrefutável em forçá-los a se educar.

O que parece errado nessa decisão? Pelo menos alguns leitores temerão que as crianças de uma comunidade fechada, em que todos cultuam o mesmo Deus da mesma maneira e da qual a saída só é possível à custa de expulsão, sejam forçadas a adotar um modo de vida que não lhes convenha. Outros recearão que essas crianças não adquiram as habilidades e informações necessárias para, de juízo próprio, avaliar se o estilo de vida que a comunidade espera que adotem é bom para elas. Na verdade, pode ser excelente para algumas crianças. No entanto, até no caso dessas, algo se perderá se tiverem de adotar uma vida sem refletir sobre ela à luz de alternativas.

O principal problema é que as crianças parecem privadas da oportunidade de fazer juízos refletidos e bem informados sobre como levar a própria vida e agir com base neles. Na prática, o único modo de vida factível para elas é aquele em que foram criadas, quer lhes convenha, quer não. Em outras palavras, elas são destituídas da oportunidade de viver com autonomia.

Mas por que isso deveria ter tanta importância? Muitos filósofos consideraram a autonomia o segredo de uma boa vida. É famosa a frase de Sócrates de que "uma vida sem exame não é digna de ser vivida". Immanuel Kant, o filósofo moral cujas teorias embasam boa parte do pensamento liberal contemporâneo, acreditava que só a pessoa autônoma poderia agir de maneiras que tivessem valor moral. Mas é claro que é exatamente isso o que os pais *amishes* questionam. Eles acreditam que uma vida boa e moral é a que se leva de acordo com os mandamentos de Deus, sem importar se o indivíduo ao fazer seu juízo tem ou não consciência de uma ampla variedade de alternativas. E

Sobre educação

muitos defensores seculares da decisão do processo acusam os adversários de não reconhecerem a importância de muitos outros valores além da autonomia. As crianças dessa comunidade talvez não venham a ser totalmente autônomas no sentido secular, mas gozarão do bem de participar de uma comunidade unida, verão os pais e os filhos quase todos os dias da vida e terão ligações emocionais íntimas e duradouras. Esses são bens extraordinários que seriam ameaçados por uma política educacional mais exigente. Quem são *vocês*, dizem os defensores da decisão, para elevar a autonomia acima desses outros bens?

Neste capítulo inicial, argumentarei que a autonomia é importante a ponto de justificar a exigência de que toda criança seja submetida a uma educação projetada para facilitá-la. Mas vou fazê-lo sem afirmar que a autonomia é necessária para uma vida que valha a pena viver. Assim, o meu argumento para promover a autonomia tem de se basear num princípio mais profundo que explique por que ela é tão importante.

Esse princípio mais profundo é a ideia de que a educação deveria visar a capacitar o indivíduo a levar uma vida de florescimento, e o argumento de que a educação deveria promover a autonomia depende da noção de que ela exerce um papel importante para capacitar o indivíduo a florescer na vida. Pode-se atingir o florescimento de muitas maneiras, que variam de um indivíduo para outro. Mas as vidas florescentes têm duas coisas em comum.

Primeiro, para que realmente valha a pena, a vida tem de conter bens objetivos. Por mais que o avarento se deleite com o seu tesouro, este não faz a sua vida valer a pena, porque a vida dedicada a acumular dinheiro não vale a pena. Contudo, uma vida dedicada a criar filhos, a dominar habilidades complexas e difíceis, a dar alegria aos outros e gozar da sua companhia, a estudar a grande literatura, a imaginar grandes números cômicos pode valer a pena, porque contém *bens com valor objetivo*. Não tenho espaço aqui para defender opiniões específicas sobre

15

o que dá valor objetivo a alguma coisa (embora no Capítulo Três vá discutir mais sobre florescer), e todas as listas de bens objetivos são um tanto controvertidas. Ainda assim, o fato de existir uma grande variedade de bens não é controvertido, nem que há uma base para distingui-los pelo menos de algumas coisas muito ruins.

Até agora, o defensor da decisão do caso Yoder não tem do que discordar. Na verdade, parte do ímpeto do apoio a essa decisão é a admissão de que, embora estranho à sociedade norte-americana dominante, o modo de vida *amish* não é mau em virtude desse fato. Mas ter coisas objetivamente boas na vida não basta para atingir o florescimento. Para realmente florescer, é preciso se identificar com a vida que se leva. É preciso vivê-la de dentro para fora, por assim dizer. Ora, é possível saber que o modo de vida que se adota é bastante adequado sem conhecer alternativas e sem pensar muito nelas, de maneira que não é necessário pensar criticamente nas alternativas para identificar--se com a vida que se leva. Entretanto, no mínimo, é preciso não sentir esse modo de vida como contrário aos interesses e desejos fundamentais vivenciados.

Ambos os componentes – que o modo de vida é bom e que é vivido de dentro para fora – são essenciais. Alguns modos de vida não são bons, e as crianças que os recebem dos pais não conseguem vivê-los bem nem quando os endossam: essas crianças não têm oportunidade de viver bem a menos que consigam encontrar bons modos de vida. É claro que outros modos de vida são bons. Mas algumas crianças cujos pais tentam passá-los adiante não conseguem endossá-los de dentro para fora; embora sejam modos de vida bons, essas pessoas não conseguem florescer dentro deles. Elas só terão oportunidade de viver bem, se puderem adotar outros modos de vida que *consigam* endossar de dentro para fora. Até que ponto elas serão capazes de passar a adotar um bom modo de vida depende, em parte, de possuírem meios confiáveis de avaliar opções de vida diferentes.

Por que algumas pessoas são incapazes de adotar bons modos de vida de dentro para fora? Em primeiro lugar, a personalidade varia em muitas dimensões: exuberância, espontaneidade, gregarismo, capacidade de se realizar no trabalho ou nos relacionamentos pessoais. Sem dúvida, algumas diferenças são socialmente construídas, ao passo que outras estão sob o controle do indivíduo. Mas não todas. Algumas pessoas simplesmente não se realizam sem o trabalho (ou algum trabalho); outras não se realizam sem filhos. Não podemos planejar a criação dos filhos de modo a obter um conjunto desejado de características. A pluralidade de constituições pessoais é importante: a constituição de alguns lhes permitirá viver de dentro para fora alguns modos de vida e não outros. O caso mais notável em que consigo pensar é o de quem vivencia a sua sexualidade como fixa e inadaptável. O homossexual que sente a sua homossexualidade como imutável simplesmente não consegue viver de dentro para fora o modo de vida que exclui da sociedade quem evita o casamento heterossexual e os filhos. Preso nesse modo de vida, o homossexual será alienado dele. Pode ser um modo de vida muito bom, mas não aquele que *ele* pode endossar de dentro para fora e, portanto, não aquele que *ele* pode viver bem. Da mesma maneira, alguns modos de vida religiosos que impõem à mulher o dever do recato e da fidelidade no casamento entram em conflito com a natureza de algumas mulheres criadas nessas religiões. Vejamos o personagem Sonia Horowitz do filme *Um preço acima dos rubis*. Judia ortodoxa, ela se casa ainda adolescente com um jovem erudito. Ele se torna muito respeitado pela erudição e pela vida espiritual, mas ao desenvolvê-las negligencia a esposa em termos emocionais e sexuais. Ora, pode haver mulheres que se sintam confortáveis vivendo recatadamente como esposas de santos durante a vida inteira, e nada indica que haja algo de errado nessa vida. Mas para Sonia, *com a sua constituição específica*, seria impossível continuar com aquela vida e endossá-la de dentro para fora, mesmo que ela não conhecesse alternativa.

Modos de vida diferentes exaltam virtudes diferentes, e algumas crianças são mal constituídas para desenvolver as virtudes específicas que o modo de vida dos pais endossa. É claro que outras se ajustarão bem ao modo de vida no qual são iniciadas pelos pais. Mas nem estes nem o Estado podem identificá-las com antecedência. Assim, para garantir que toda criança tenha a oportunidade de viver bem, o Estado precisa assegurar que ela tenha a oportunidade real de adotar bons modos de vida diferentes daquele em que os pais tentam iniciá-la.

O que é necessário para dar à criança a oportunidade de adotar modos de vida diferentes daquele dos pais? Relutamos corretamente em permitir que o Estado comente os fins essenciais dos cidadãos, e, em vez disso, tendemos a nos concentrar na provisão de recursos e liberdades aos cidadãos. No entanto, quem tem todos os recursos e liberdades que a justiça exige, mas, como resultado evitável do funcionamento das instituições sociais, não tem quase nenhuma oportunidade de viver bem não foi tratado com justiça. Um dos propósitos de propiciar os recursos e liberdades que a justiça exige é capacitar os indivíduos a viver bem de acordo com a avaliação própria de cada um. Mas para viver bem é preciso mais: também é preciso alguma noção do que constitui viver bem. Assim, dar a oportunidade de adotar modos de vida exige que o Estado eduque a criança e lhe ensine a habilidade de comparar e refletir racionalmente, em geral associada à autonomia.

Se aprender a viver bem fosse uma questão misteriosíssima, ou se equipar os indivíduos com as habilidades relacionadas a aprender a viver bem entrasse em conflito com outros elementos da justiça, talvez se pudesse admitir que a justiça só exige a distribuição de condições e recursos externos. Mas os métodos básicos de avaliação racional são subsídios confiáveis para revelar como viver bem, os únicos que se pode identificar e ensinar. Isso é ainda mais importante nas condições modernas, com

Sobre educação

tecnologia em rápida mudança e livre movimentação da mão de obra [que exige] a capacidade de lidar com condições tecnológicas, econômicas e sociais em alteração, a capacidade de se ajustar, de adquirir novas habilidades, de passar de uma subcultura a outra, de aceitar novos pontos de vista morais e científicos.[1]

Sem as habilidades ligadas à autonomia, facilmente nos perdemos na complexidade moral e econômica da modernidade. Isso não significa que ninguém descobrirá nem, ao menos, se aproximará de bons modos de vida sem a sua contribuição, nem que a deliberação racional seja infalível. Como em outras áreas do conhecimento, os palpites inspirados, a crença na comunicação confiável dos outros e a manipulação por outros confiáveis podem nos ajudar a descobrir como viver bem. E a deliberação racional enfrenta barreiras. Contudo, na ausência de palpites afortunados e pais bem informados, a criança terá condições muito melhores de adotar boas alternativas de modos de vida quando informada sobre essas alternativas e quando capaz de compará-las racionalmente.

A concepção de autonomia que estou usando pode parecer abstrata e autocentrada. Na verdade, não é nem um, nem outro. A autonomia tem um aspecto profundamente social, até porque os seres humanos são profundamente sociais. Os indivíduos não florescem separadamente dos outros; os seus interesses estão ligados aos dos outros, e a sua reflexão ocorre dentro de um contexto social dado. Sem dúvida submete-se a exame racional tanto as características pessoais próprias quanto as relações com determinada situação. A reflexão racional pode nos ajudar a perceber incoerências e argumentos falaciosos e a revelar o mau uso de provas e indícios. Ela nos ajuda a ver se uma opção é coerente com certos juízos nossos, como aqueles sobre o tipo de pessoa que devemos ser. Também nos ajuda a avaliar como

---

1 Raz, *The Morality of Freedom*, p.369-70.

nos apegamos aos outros e a cumprir com mais eficácia as nossas metas e obrigações altruístas. Por exemplo, a reflexão minuciosa sobre questões morais pode nos levar a acreditar que temos obrigações muito mais extensas para com os necessitados do que nos revelaria a aceitação irrefletida das normas do nosso ambiente imediato; ou pode nos levar a perceber que a busca de promoção tem um custo inaceitável para as nossas amizades locais ou para a vida familiar. Também é importante notar que a reflexão racional pode, e muitas vezes consegue, nos levar a reafirmar características, valores, compromissos e apegos existentes.

Essas observações corroboram o forte pressuposto de que a criança deveria ter a oportunidade de aprender as habilidades associadas à autonomia e que a preferência dos pais não é razão suficiente para negarem essa oportunidade à criança. Ao abrir mão da oportunidade, os pais privariam o filho de habilidades de grande valia na deliberação de como viver bem. Mas o argumento reforça a intervenção na vida da escola?

Acho que isso depende de certas contingências. Imaginemos uma criança crescendo numa sociedade caracterizada por uma cultura que oferece modelos públicos abundantes das habilidades relevantes e na qual a norma fosse o envolvimento respeitoso com pessoas de origens bem diferentes. Os políticos dessa sociedade travam boas discussões entre si; os membros de diversas comunidades religiosas debatem e discutem abertamente as suas divergências e, embora façam cultos separados, misturam-se socialmente; os jornalistas envolvem-se de forma crítica e bem informada com as propostas políticas públicas; a cultura popular é diversificada e não dominada pela motivação do lucro. Numa sociedade assim, pode ser um total desperdício de recursos públicos facilitar a autonomia por meio da escola; a sociedade civil já faz esse serviço tão bem que a escola estaria livre para promover outras excelências.

A cultura pública dos Estados Unidos e do Reino Unido está um tanto longe desse ideal, longe o bastante, creio, para

Sobre educação

justificar a exigência de que a escola desempenhe o papel de facilitar a autonomia.

No entanto, como a escola deveria facilitar a autonomia? Consideremos que as autoridades escolares têm poder sobre três aspectos da vida escolar: podem determinar a composição, o currículo e o *éthos* da escola. Os três são provavelmente importantes e funcionam juntos. No entanto, desconfio que a composição e o *éthos* da escola sejam mais importantes do que o currículo formal. Provavelmente, aprendemos mais sobre como se articulam os diversos modos de vida e se eles seriam adequados para nós por meio de contatos com quem vive de forma diferente. A escola que facilita a autonomia se constituirá de crianças e adultos vindos de diversos ambientes, com pontos de vista divergentes sobre o mundo e sobre como levar a vida. Uma escola com crianças muçulmanas, hinduístas, ateias, católicas e judias será melhor do que outra em que todas as crianças são católicas, mantendo-se iguais todos os outros fatores. Uma escola em que os professores têm fé e origem étnica variadas e demonstram entusiasmos pessoais diversificados será melhor do que outra em que todos são "farinha do mesmo saco".

A meta de facilitar a autonomia torna a diversidade desejável por razões bem diferentes das que se costuma apresentar nas discussões sobre a diversidade na educação. Um argumento comum a favor da diversidade dos funcionários da escola é que ela deve corresponder à diversidade dos alunos, de modo que cada criança tenha alguns professores ou outras figuras de autoridade cuja origem combine com a sua e com quem possa se identificar. Não é essa a questão aqui: sugiro que busquemos diversidade entre os funcionários exatamente para que cada criança tenha algumas figuras de autoridade que sejam bem diferentes e com as quais tenha de se relacionar. Facilitar a autonomia exige um mínimo de descontinuidade entre a experiência doméstica e a escolar da criança, de modo que as oportunidades oferecidas pelo lar (e pela cultura pública) sejam complementadas, e não reproduzidas, pela escola.

O *éthos* dessa escola estimulará um envolvimento sério e genuíno entre as crianças e entre elas e os adultos, num clima emocionalmente estável e fisicamente seguro. O objetivo não é promover a *tolerância* entre grupos diferentes (embora isso também seja importante), e sim permitir que a criança aprenda mais sobre modos de vida alternativos e diversos pontos de vista. Esses recursos permitirão à criança refletir de forma crítica sobre opiniões e valores recebidos da família e da cultura dominante. É difícil conseguir um *éthos* que facilite esse aprendizado mútuo, e, num livro curto, sou misericordiosamente poupado da obrigação de dizer muito a respeito. Mas vale a pena fazer dois comentários.

Primeiro, observemos que as crianças de minorias étnicas e religiosas já vivenciam, ao chegar à escola, uma descontinuidade, potencialmente frutífera, entre o ambiente doméstico e a cultura pública. E têm mais probabilidade do que as da maioria étnica de encontrar professores diferentes delas. Pode ser muito mais difícil obter um ambiente que facilite a autonomia no caso de crianças cujo ambiente doméstico se ajuste bem à cultura dominante.

Em segundo lugar, embora o meu exemplo dos *amishes* possa indicar que pais religiosos sejam a principal ameaça à autonomia pessoal, duvido que assim seja, exatamente porque a rotina da maioria das crianças de ambientes religiosos será ter os seus valores domésticos questionados pela cultura pública. Para a imensa maioria das crianças, é muito mais perturbadora a cultura pública, principalmente a popular, governada por forças comerciais, que dedica recursos consideráveis a solapar a futura autonomia da criança, visando a inculcar, no maior número possível delas, um materialismo irrefletido por toda a vida.[2] O administrador escolar preocupado em desenvolver

---

2 Ver descrições detalhadas do modo como marqueteiros tentam solapar a autonomia pessoal em Schor, *Born to Buy*, e Linn, *Consuming Kids*.

Sobre educação

um *éthos* que facilite a autonomia questionará constantemente os efeitos potenciais de permitir que a escola reflita os valores incorporados à cultura popular.

Vou elaborar um pouco mais esses comentários sobre *éthos* e composição no Capítulo Cinco. Mas neste capítulo, por fim, vale notar alguns elementos curriculares indicados para facilitar a autonomia.

- O currículo acadêmico tradicional, baseado em conteúdos. Quem propõe o ensino curricular de habilidades fundamentais de autonomia e pensamento crítico costuma parecer contrário à ênfase tradicional em ensinar "fatos" e "conteúdo" no currículo. Entretanto aqui não há conflitos reais: não se pode levar uma vida autônoma sem informações sobre o mundo onde ela se passa. Além disso, a capacidade de pensamento crítico envolvida na autonomia não pode ser desenvolvida nem exercida sem facilidade de acesso a um volume considerável de informações, só possível quando são aprendidas e internalizadas. É verdade que há muito mais informações disponíveis do que a criança seria capaz de aprender e que é fundamental que se aprenda a obter acesso a elas. No entanto, é ridícula a ideia de que a criança possa desenvolver a habilidade mais complexa de raciocinar sobre informações se ela não tiver à mão instantaneamente uma boa quantidade delas.[3]

- Como identificar vários tipos de argumento falacioso e como distingui-los, tanto entre si quanto dos não falaciosos. A pessoa autônoma precisa ser capaz de distinguir o apelo à autoridade do apelo à evidência e os argumentos

---

3 Ver Nosich, *Learning to Think Things Through*, que apresenta argumentos muito mais fortes de que o currículo nos oferece um arcabouço para entender e analisar o mundo (muito mais do que "informações" ou "fatos") e nos permite pensar criticamente sobre vários assuntos.

23

indutivos dos dedutivos e de identificar argumentos *ad hominem* e outros mecanismos retóricos enganosos.

* Examinar com certo detalhamento uma série de pontos de vista éticos religiosos, não religiosos e antirreligiosos, o tipo de raciocínio empregado por essas perspectivas e a atitude dos seus proponentes diante de descrentes, hereges e do mundo secular.

* Examinar as diversas maneiras (inclusive as não baseadas na razão) como pensadores seculares e religiosos trataram de conflitos morais e discordâncias religiosas e de tensões das suas próprias opiniões e como os indivíduos descreveram (e, quando possível, como vivenciaram) as experiências de conversão, a perda da fé e o abandono refletido de posições éticas.

Esses dois últimos elementos têm importância especial, já que a autonomia quanto a compromissos religiosos e morais próprios exige o contato com opiniões alternativas. Também exige que esse contato aconteça de maneira controlada e não pressionada, bem como de forma a refletir a realidade da vida que é pautada por esses compromissos. O contato com opiniões morais é melhor quando se permite que os seus proponentes se dirijam às crianças no ambiente controlado da sala de aula. Embora o argumento instrumental esteja ligado ao humanismo liberal, que é anátema para muitos sectários religiosos, é provável que a implementação da educação que facilite a autonomia exija uma atitude nuançada para com a exposição da criança à religião na escola. A criança só poderá ser autônoma na aceitação ou rejeição de pontos de vista religiosos se vivenciar uma discussão séria. Como argumenta John Stuart Mill em relação à exposição dos adultos à liberdade de expressão:

> Também não basta que ouça dos próprios professores os argumentos de adversários, apresentados do modo como os afirmam

Sobre educação

e acompanhados pelo que lhes serve de refutação. Não é esse o modo de fazer justiça aos argumentos nem de pô-los em contato real com a própria mente. O indivíduo deve ser capaz de ouvi-los de quem realmente acredita neles; que os defende a sério e se dedica a eles o mais que pode.[4]

Livros didáticos neutros e antissépticos que descrevem cada opinião e explicam em série as suas vantagens e defeitos pouco contribuem para facilitar a autonomia; com certeza, não são suficientes. A autonomia, embora suscetível de descrição abstrata, não pode ser praticada fora da situação específica da vida individual; a escola deveria refletir isso.

Suponhamos que inculquemos na criança as habilidades e hábitos associados à autonomia. Isso lhe garante a capacidade de levar uma vida de florescimento? Absolutamente não. Para isso, ela precisa de muito mais: precisa de acesso a recursos materiais e de algum controle sobre a sua vida profissional; precisa ser capaz de adotar um modo de vida que seja bom em si; e precisa de um ambiente no qual possa agir de acordo com o seu juízo. Os três capítulos subsequentes examinam essas necessidades.

---

4 Mill, *On Liberty*, p.36.

25

2
Educar para a participação econômica

Desde o final da Guerra Fria, parece ter surgido, entre os governos ocidentais, um novo consenso de que a educação é a chave do crescimento e da competitividade. A ideia é que, sendo a mão de obra um fator de produção importante, se ela for melhor, será mais produtiva; e o que aprimora a mão de obra é a educação e o treinamento. Assim como uma chave de fenda permite que sejamos mais produtivos (quando o serviço envolve o uso dessa ferramenta), mais trabalhadores especializados tornarão a economia mais produtiva. Um panfleto publicado pelo Partido Trabalhista britânico pouco antes da vitória na eleição de 1997 exprime bem essa ideia:

> Se vamos enfrentar o desafio de criar uma economia com tecnologia moderna, muito valor agregado e altos salários, só podemos fazê-lo capacitando o nosso povo.[1]

Trata-se da chamada abordagem da teoria do capital humano. O imperativo é desenvolver uma economia forte e competitiva e

---

1 Labour Party, *The Skills Revolution* (1996) apud Wolf, *Does Education Matter?*, p.13.

o meio é educar as crianças para que sejam trabalhadores produtivos. Isso beneficia a todos; ganhamos com um PIB maior, e as crianças ganham com o fato de serem mais capazes de atuar bem no local de trabalho.

Embora tenha muita influência junto a formuladores de políticas, acho errada a abordagem da teoria do capital humano. Evidentemente, é verdade que trabalhadores mais instruídos costumam ser mais produtivos, e isso não é necessariamente ruim. Mas o crescimento econômico não deveria ser o imperativo que sustenta a provisão de educação, pelo menos nas séries obrigatórias. Além disso, especificamente, o conteúdo e a distribuição de oportunidades educacionais não deveriam atender ao interesse dos empregadores.

Lembrem-se, no âmago do argumento a favor da autonomia está a ideia de que a escola deveria nos equipar para uma vida de florescimento. Nas sociedades industriais modernas, para florescer é preciso ser capaz de se integrar, até certo ponto, à economia existente. Neste capítulo, vou argumentar que, embora tenha a obrigação de garantir que a criança seja autossuficiente em termos econômicos, a escola não deveria ajustar a sua missão às necessidades da economia como um todo, mas pela necessidade da criança que terá de lidar com a economia – não pela necessidade da economia propriamente dita.

É claro que, se o sistema de educação não considerasse absolutamente a economia, também frustraria a criança a quem deveria servir. No entanto, isso só é verdade porque a escola tem a obrigação de capacitá-la a florescer na sociedade que habitará. Ensinar-lhe técnicas antigas de tecelagem e restringir a sua educação a essas habilidades herméticas levam ao risco de ela não conseguir emprego quando entrar na economia. Isso é importante não só porque seria então incapaz de contribuir para o projeto social de promover a produção econômica, mas também porque a maioria de nós necessita de um emprego remunerado para florescer. Todos precisamos de uma fonte de

Sobre educação

renda, e quase todos precisamos da sensação de que parte dessa renda é gerada pelo nosso esforço. Apresentarei argumentos contra priorizar as necessidades da economia depois de defender que a escola deve desenvolver a capacidade de autossuficiência econômica da criança.

Três considerações principais respaldam a exigência de preparar a criança para o mundo do trabalho. É óbvio que todos precisam de uma fonte de renda para florescer. Na economia de mercado, precisamos pagar pelas necessidades básicas da vida, sem o que não podemos gozá-la. Para a maioria de nós, na maioria das economias de mercado, a única maneira de obter renda suficiente que permita certo grau de segurança é com o trabalho assalariado. Mas essa não é a única razão para a escola preparar a criança para o mundo do trabalho. A segunda razão é que, para a maioria, o trabalho consome parte apreciável da vida. O que acontece no emprego afeta a sensação de bem-estar. Desenvolver um leque mais amplo de habilidades, inclusive as de negociar com supervisores e colegas no local de trabalho, aumenta o poder do indivíduo sobre o que lhe acontece ali e, portanto, em última análise, o seu bem-estar. Finalmente, parece que os indivíduos precisam da sensação de que eles mesmos são responsáveis pela sua renda e pelo seu subsequente bem-estar; precisam tanto da renda quanto da sensação de autoconfiança.

A necessidade de renda na economia de mercado é óbvia e não requer mais explicações. Mas a abordagem do capital humano preparará a maioria para obter uma renda. Suponhamos, por um instante, que houvesse a concessão de uma renda básica generosa, de modo a permitir a quem quisesse viver sem trabalhar a sobrevivência num nível espartano. A escola ainda prepararia a criança para a autossuficiência econômica?

Sim. A renda não é a única recompensa de valor que o trabalho nos traz. Todos ainda obtêm *status* com o seu trabalho, tanto no sentido competitivo de que o respeito social é distribuído desigualmente entre as profissões, quanto no sentido autorreflexivo de que todos se veem de modo diferente quando são trabalhadores assalariados e quando estão desempregados. As culturas variam no modo de atribuir respeito às profissões e no modo de preparar os indivíduos para se considerarem trabalhadores. Para dar um exemplo simples, é provável que a expectativa social recentemente surgida de que as mulheres passem a maior parte da vida adulta com emprego assalariado tenha afetado o modo como aquelas que trocam o trabalho remunerado pelo doméstico veem a si e à sua escolha, além de afetar o conteúdo real dessa escolha. Ficar em casa para criar filhos quando metade das mulheres da vizinhança faz a mesma coisa é muito diferente de optar por isso quando ninguém age assim.

Os indivíduos também florescem no trabalho quando têm a sorte de ter uma profissão que acham interessante e um ambiente no qual exercem algum controle sobre o que fazem e quando. Felizmente, o que as pessoas acham interessante varia. Por exemplo, Sid enjoa ao ver sangue e tem pouquíssimo interesse em outras pessoas, então para ele ser médico de família seria quase uma tortura; no entanto, ele se empolga com o desafio de ser piloto de avião. Ken tem medo de voar, mas gosta da companhia dos outros e de resolver problemas com eles. Muitas pesquisas indicam que, primariamente, os indivíduos florescem com o envolvimento com a família e os amigos, mas o trabalho pode oferecer uma diversidade de desafios e recompensas que às vezes concorre com a realização nos relacionamentos pessoais e outras vezes a aprimora. Assim, o princípio geral de que todos deveriam ter uma variedade ampla de oportunidades para florescer corrobora a tese de educá-los para que tenham a oportunidade de encontrar trabalho compensador e possam avaliar a importância relativa do trabalho e de outras atividades na vida.[2]

---

2 Há discussões interessantes do papel do trabalho na vida em florescimento, ver Gardner; Csikszentmihalyi; Damon, *Good Work*, Kasser, *The High Price of Materialism*; e Layard, *Happiness*.

Sobre educação

Mesmo sob o regime de concessão de uma renda básica generosa, a maioria das famílias almejaria ter pelo menos o equivalente a um adulto com emprego em tempo integral. É verdade que, dada a existência da concessão, os locais de trabalho teriam de se tornar mais atraentes para os trabalhadores e a consequência da demissão seria muito menos catastrófica do que na nossa economia atual. Ainda assim, os trabalhadores que ficam num só emprego durante muito tempo têm menos poder de negociação. Fazem amigos ali, moram num bairro de onde é relativamente fácil chegar ao local de trabalho e, principalmente quando a economia local tem demanda limitada pela sua habilidade, procurar outro emprego é complicado. Chegar ao mercado de trabalho com uma variedade maior de habilidades dá aos adultos jovens mais opções de tipos de trabalho que podem aceitar e lhes permite optar por serviços mais intrinsecamente compensadores, além de lhes proporcionar mais possibilidades na hora de fazer escolhas entre salário mais alto e maior recompensa intrínseca.

A última razão para a educação preparar a criança para o emprego é que parece que muita gente precisa da sensação de ser economicamente autossuficiente, pelo menos no decorrer da vida. O respeito próprio é reforçado pela sensação de que estamos nos empenhando em vez de pegar carona no esforço dos outros. Essa foi uma motivação importante por trás da exigência feminista de que o mercado de trabalho se abrisse para as mulheres. E, atualmente, é uma motivação básica por trás da reivindicação do movimento das pessoas com deficiência de que as empresas não as discriminem e alterem o espaço físico do local de trabalho para acomodá-las.

Vale lembrar que há algo artificial na noção de autossuficiência de cada um. Tendemos a pensar em nós como merecedores do nosso salário, seja ele qual for, e a noção de autossuficiência se baseia nessa ideia. Entretanto, na verdade, o salário e até o tipo de emprego disponível são consequência de uma multiplicidade de escolhas e decisões sobre as quais não temos controle e que poderiam ser diferentes. Tiger Woods tem uma renda muito mais alta do que teria, mesmo numa economia avançada, se a televisão nunca tivesse sido inventada ou se existisse mas, em toda parte, fosse proibido transmitir publicidade. Atualmente, os grandes jogadores de futebol têm renda muito mais alta em relação à população do que há 40 anos. Em parte, isso se explica porque o restante da população tem muito mais renda disponível (que prefere gastar assistindo ao futebol), mas também por causa de grandes mudanças na regulamentação do mercado de trabalho sobre as quais eles não têm controle (por exemplo, o desgaste da capacidade das ligas desportivas nacionais de limitar a contratação de jogadores estrangeiros). Isso tem pouquíssimo a ver com o aumento do talento natural. Em casos específicos, o valor do salário pode depender simplesmente da presença ou ausência de um rival específico. Para continuar nos esportes, vejamos o exemplo de Steffi Graf, cuja renda dobrou entre 1992 e 1993 porque ela começou a vencer os maiores torneios de tênis em vez de ficar em segundo lugar. O seu desempenho não melhorou; simplesmente Monica Seles, a sua maior rival, abandonou o torneio depois de ser esfaqueada por um fã enlouquecido. Graf não poderia afirmar ser responsável pela melhora da sua situação, mas é grande a probabilidade de que tenha se sentido merecedora da renda maior.

O exemplo Graf-Seles é nítido porque elas estavam no topo de um mercado de trabalho em que o vencedor leva tudo. Mas todos nós atuamos num mundo sobre o qual temos controle limitado e no qual a quantia que ganhamos depende da preferência, do juízo e das decisões de outros tanto ou mais que do nosso esforço e talento. A artificialidade da renda e das nossas condições de vida é profunda. Literalmente, não somos autossuficientes, nem podemos dizer que damos tanto quanto recebemos, por assim dizer; nem sempre podemos saber o verdadeiro valor do que produzimos e consumimos. Além disso, a probabilidade de que sejamos produtores líquidos é afetada

Sobre educação

pela organização da economia e do sistema social. Assim, por exemplo, os disléxicos têm mais probabilidade de serem produtores líquidos em economias anteriores à escrita do que nas mais avançadas, e também nas economias em que a dislexia foi bem estudada. Consideremos alguém com uma doença muito comum e incapacitante. Como a doença incapacitante é comum, há razões econômicas e utilitárias para dedicar mais recursos ao seu estudo e, portanto, mais probabilidade de encontrar a cura ou um tratamento acessível. A pessoa que sofre dessa doença tem mais probabilidade de se tornar participante integral da sociedade e da força de trabalho do que quem sofre de outra doença também intrinsecamente incapacitante e, portanto, mais probabilidade de ter a sensação de autossuficiência que digo ser tão importante. Entre as pessoas sem deficiência, talentos diferentes recebem recompensas diferentes em sociedades diferentes e em estágios diferentes de desenvolvimento econômico; e não há muito que, como indivíduos, possamos fazer para alterar isso.

Desse modo, a sensação de autossuficiência é, em boa medida, socialmente construída. Ainda assim, a sua necessidade é real e, para a maioria de nós, é difícil manter essa sensação sem ter emprego assalariado durante parte substancial da vida. Em sociedades em que não há a concessão de uma renda básica generosa, é essencial, por outras razões, preparar a criança para o mercado de trabalho. Mas, mesmo que fosse possível a muitos ter um padrão de vida decente sem emprego remunerado, deveríamos prepará-los para se candidatar a um, se quisessem.

Equipar a criança para um emprego remunerado exige o quê, na prática? A resposta a essa pergunta varia com o contexto. As habilidades e o conhecimento necessários para ganhar um salário decente numa economia essencialmente agrária são um tanto diferentes dos de uma economia mais industrializada e, mais uma vez, são diferentes dos necessários numa economia "pós--industrial". A estrutura da hierarquia no emprego também afeta as habilidades e o conhecimento que, para a escola, é apropriado inculcar. No Reino Unido, por exemplo, nas décadas de 1960 e 1970, o colapso do sistema de estagiários e o abandono da responsabilidade de treinamento pela maioria dos setores impuseram mais exigências do que antes ao sistema de educação formal. Mas a escola não deveria pensar em si à luz do dever de preparar os alunos para se encaixarem em algum "compartimento" da economia. Toda criança tem o direito de esperar que a sua educação a prepare para vários tipos de emprego. Assim, equipá-la para o mercado de trabalho exige ensinar-lhe o "básico": ela deve ser alfabetizada, ter boa habilidade matemática, aprender pelo menos uma língua estrangeira e saber um pouco de ciência. Também deve entender algo sobre o funcionamento do mercado de trabalho e sobre os seus direitos e deveres como empregada. Essa última exigência impõe uma restrição importante ao planejamento de currículos de educação vocacional. A maioria dos jovens entrará na força de trabalho como empregado e não como empregador. Aprenderão muito com os seus patrões sobre as suas responsabilidades e, provavelmente, um pouco menos sobre os seus direitos. Portanto, os currículos de educação vocacional precisam enfatizar explicitamente os direitos dos trabalhadores. É irônico que, com a queda da filiação sindical nos Estados Unidos, a probabilidade dessa ênfase nos currículos oficiais tenha se reduzido, porque as entidades patronais têm mais peso nos organismos que determinam os padrões. Assim, as escolas são obrigadas a examinar os currículos oficiais para garantir que realmente atendam aos verdadeiros interesses dos alunos.

Tanto nos Estados Unidos quanto no Reino Unido, aproximadamente 50% dos que deixam a escola não entram permanentemente para a força de trabalho e vão primeiro para a educação superior. Dados o nível elevado de difusão da educação superior e os benefícios que essa educação traz para quem a busca, a escola é obrigada a preparar a criança para ser competitiva na disputa pela vaga universitária. Isso justifica boa parte do currículo acadêmico tradicional (assim como o imperativo de preparar a criança

Sobre educação

para a vida, como defenderei no próximo capítulo), uma vez que o desempenho nessa parte do currículo é importante para entrar na faculdade. Mas a maioria dos alunos universitários passará como empregado boa parte do início da idade adulta, ainda que um empregado com grande variedade de opções.

Essa é a defesa de equipar as crianças para o emprego remunerado. Agora, por que, à luz do fato de que temos a obrigação de fazê-lo, seria errado impregnar o sistema educacional com os imperativos da economia?

Há duas razões principais para isso. Para explicar a primeira, terei de partir de um pressuposto bem pouco realista: o de que podemos saber com exatidão que políticas produzirão um dado nível de crescimento. Abrir mão desse pressuposto reforça a posição contrária a seguir os imperativos da economia; como não estamos bem informados sobre o efeito das políticas educacionais sobre o crescimento, é melhor evitar pressupostos extremados que podem estar errados. Entretanto, consideremos que as informações sejam completas por um instante. Suponhamos que a economia esteja diante das seguintes duas opções:

- Opção A: crescimento no longo prazo de 7% ao ano num futuro próximo, a ser gerado se garantirmos que 30% dos trabalhadores estarão bem preparados para serviços monótonos e pouco compensadores no setor de serviços, ao passo que os outros 70% estarão preparados para trabalho bem pago e intelectualmente interessante.

- Opção B: crescimento no longo prazo de apenas 1% ao ano num futuro próximo, sendo a perda de crescimento um dos custos da política de educar a todos de modo que sejam capazes de buscar várias oportunidades de emprego interessantes, com a consequência de que os 30% de vagas de emprego mal pago no setor de serviços que impulsionam o crescimento não serão ocupados ou que o salário terá de subir a ponto de reduzir o crescimento.

Acho que, mesmo se de fato tivéssemos essas duas opções, a B seria preferível. É errado restringir a educação de algumas crianças apenas em nome de obter o crescimento de longo prazo numa economia que não está empobrecida, e errado por razões distributivas: trata-se de usar essas pessoas para o bem de outras e sem que recebam nenhum benefício em compensação.

É claro que, ao dar esse exemplo, parti de pressupostos nada realistas sobre princípios econômicos, bem como sobre o nosso conhecimento. E, na verdade, algum nível de crescimento econômico é compatível com um sistema educacional projetado para atender aos outros imperativos que endosso neste livro. Além disso, a riqueza é importante. Se a busca dos imperativos que defendo para o sistema educacional resultasse no colapso econômico de alguma sociedade, isso contaria contra adotá-los nessas circunstâncias, exatamente porque o colapso seria muito ruim para os indivíduos menos favorecidos dessa sociedade. Mas a questão aqui é que, não havendo consequências catastróficas para a economia, esses imperativos centrados na criança deveriam predominar sobre todos os critérios econômicos.

Talvez se possa esclarecer a objeção ao se considerar a seguinte declaração de um artigo do Banco Mundial sobre estratégia educacional favorável a priorizar a educação de mulheres e meninas nos países em desenvolvimento.

> As mães com mais instrução dão melhor nutrição aos filhos, têm filhos mais saudáveis, são menos férteis e mais preocupadas com a educação dos filhos. A educação, especificamente a feminina, é fundamental para reduzir a pobreza e deve ser considerada parte da estratégia de saúde dos países tanto quanto, digamos, os programas de vacinação e o acesso a postos de saúde.[3]

---

3 The World Bank, *Priorities and Strategies for Education*.

Isso é verdade e constitui uma das razões para educar as meninas (e, assim, produzir mães instruídas). Há muitos indícios de que mulheres mais instruídas se preocupam mais com a educação dos filhos e são mais capazes de cuidar da saúde e do desenvolvimento deles. Educar melhor as meninas deve fazer parte de todas as estratégias de redução da pobreza e de melhora da qualidade de vida do mundo em desenvolvimento. Mas observemos que a declaração se concentra exclusivamente nos benefícios que educar alguma menina específica traz para os outros. O trecho que citei trata a menina como vassala dos imperativos da economia: vamos instruí-la para beneficiar os outros e produzir o tão necessário crescimento econômico. Entretanto, a razão principal de educar alguém é o benefício próprio desse alguém; isso o capacitará a levar uma vida mais compensadora, sobre a qual terá mais controle. É claro que atingir a meta de educação primária universal terá o efeito de melhorar a vida das mulheres, tanto porque elas ganharão com a consequente redução da pobreza quanto porque elas se beneficiarão diretamente da educação recebida. Contudo, embora contenha uma verdade importante, a abordagem da teoria do capital humano, atualmente favorecida, encobre outra verdade, ou seja, a de que a pessoa que está sendo instruída tem importância por direito próprio.

A segunda objeção a permitir que o desejo de crescimento econômico conduza o sistema educacional pode ser mais controvertida. Segundo ela, quando a sociedade atinge certo grau de bem-estar material, um novo crescimento não é fundamentalmente muito importante. Por conseguinte, nem a política educacional nem outros aspectos da política governamental devem ser dominados pelo imperativo de crescimento econômico. Essa objeção afirma que o bem que deveríamos tentar produzir para a sociedade não é o crescimento econômico, mas o florescimento humano, e há maneiras melhores de aumentar o nível de florescimento do que pelo aumento da riqueza material.

Isso contradiz o consenso dos políticos e formuladores de políticas e, naturalmente, dos empresários (cujas entidades têm influência considerável sobre a formulação de políticas). Políticos de esquerda e de direita participam do consenso favorável ao crescimento. Desde a década de 1970, os partidos de esquerda do mundo desenvolvido e, cada vez mais, do mundo em desenvolvimento veem o crescimento como forma de resolver o problema da má distribuição de renda. A "guerra de classes", que envolvia a luta pela distribuição dos bens existentes, foi abandonada em favor da estratégia de desviar para os menos favorecidos a distribuição dos frutos do crescimento econômico. Para que essa estratégia dê certo, é preciso haver bastante crescimento. Os políticos de direita gostam do crescimento porque acham que a riqueza material é a base de uma sociedade bem-sucedida. A estratégia da esquerda pode ter algum ponto positivo, mas o ponto de vista da direita está aberto a questionamentos. Os indícios simplesmente não corroboram a ideia de que, acima de determinado nível, a riqueza material se traduz em florescimento humano.

Dois tipos de estudo solapam a ideia de que o bem-estar material se traduz diretamente em florescimento. Um deles examina a variação temporal do nível médio de bem-estar subjetivo em dadas sociedades e verifica até que ponto essa variação é correlata ao crescimento econômico. O segundo tipo estuda a distribuição de bem-estar subjetivo dentro de uma sociedade num dado momento e pergunta como isso se relaciona com a distribuição de renda e riqueza. Ambos os estudos medem o "bem-estar subjetivo" com pesquisas complexas, realizadas com grande número de indivíduos. É claro que essa é uma forma bastante grosseira de medir algo tão complexo e questionado quanto o florescimento humano. No entanto, o resultado desses tipos de estudo é confirmado por pesquisas experimentais em escala menor que levam em consideração medidas objetivas como reação ao estresse, dor de cabeça, ansiedade e depressão.

Sobre educação

Como a minha afirmativa é apenas que os indícios não corroboram o consenso, acho que vale a pena examinar o resultado dos estudos.

Os estudos do bem-estar no decorrer do tempo verificam que, nas economias desenvolvidas, não há aumento do bem--estar subjetivo médio depois que o crescimento chega a certo ponto. Entre 1972 e 1991, o PIB per capita real cresceu 39% nos Estados Unidos a um ritmo mais ou menos estável. O percentual de entrevistados nas pesquisas que se diziam "muito felizes" quase não cresceu no mesmo período; e os picos da curva não têm relação com a ascensão constante da curva de crescimento.[4] No Japão, de 1960 a 1987, o produto nacional bruto (PNB) per capita cresceu constantemente num total de 300%, e o nível médio de bem-estar relatado pelos entrevistados nas pesquisas pouco se alterou de um ano a outro, flutuando em torno de 6 (numa escala de 10).[5] Robert Frank resume os indícios da seguinte maneira:

> Um dos principais achados da grande literatura científica sobre bem-estar subjetivo é que, quando o nível de renda ultrapassa um patamar absoluto mínimo, o nível médio de satisfação dentro de um dado país tende a ser altamente estável com o tempo, mesmo diante de crescimento econômico significativo.[6]

Não é que a riqueza não tenha influência *nenhuma* sobre o bem-estar. Na verdade, tanto no Reino Unido quanto nos Estados Unidos, a proporção de indivíduos que se descrevem como "felizes" e "muito felizes" sobe de forma coerente com o crescimento material até mais ou menos meados da década de 1950. Mas depois disso não há mais ganhos.

---

4 Frank, *Luxury Fever*, p.72.
5 Ibid., p.73.
6 Ibid., p.72.

Do mesmo modo, estudos sobre bem-estar e renda verificam que, depois de um certo patamar, a renda anual não mais afeta o nível de bem-estar subjetivo. Nos Estados Unidos, por exemplo, esse nível cresce com a renda familiar anual até que esta chegue ao nível (bastante elevado) de uns US$ 200 mil por ano e a partir daí se detém. E não podemos aumentar o bem-estar subjetivo apenas elevando a renda de todos para pelo menos US$ 200 mil, porque os indícios mostram com clareza que, desde que o bolo econômico seja suficientemente grande (como acontece nos países ricos do mundo atual), o lugar relativo de cada indivíduo na distribuição do bolo existente importa muito mais para o nível de bem-estar subjetivo do que o nível absoluto de bem-estar material. Só depois que se atinge um lugar altíssimo na distribuição, com a segurança material e o controle sobre o ambiente social e profissional consequentes, é que esse efeito relativo desaparece. Se for verdade, isso ajuda a justificar o atual abandono da estratégia da "guerra de classes" de tentar redistribuir o bolo existente de forma mais igualitária.

Esses achados são coerentes com o argumento de Fred Hirsch, em *Limites sociais do crescimento*, de que, depois de certo ponto de desenvolvimento material, quando a economia material cresce, a economia *posicional*, como ele diz, se torna parte cada vez mais dominante da economia material.[7] A economia posicional se refere a certos tipos de bem que não podem ser distribuídos mais amplamente porque o seu valor está na construção social do *status* elevado, e parte desse *status* se deve ao fato de o acesso a esses bens ser limitado. Em si, o *status* é um bem posicional. Hirsch teme que, nas sociedades ricas, boa parte da energia e do esforço humano seja desperdiçada na competição por bens posicionais, principalmente quando ela é pensada como uma

---

7 Hirsch, *Social Limits to Growth*. Há uma descrição maravilhosamente acessível das economias contemporâneas influenciadas pelas ideias de Hirsch em Frank; Cook, *The Winner Take All Society*.

Sobre educação

competição com apostas elevadas (em que os vencedores são poucos e muito bem-sucedidos e os perdedores, numerosos). A competição leva ao desperdício no sentido de que afasta recursos individuais de outras atividades e interesses intrinsecamente muito mais compensadores.

Se assim for, o crescimento só é desejável na medida em que os indivíduos obtenham com ele mais valor real (no tocante ao florescimento pessoal). Nas sociedades ricas, a melhor maneira de obter maior florescimento com o crescimento da *produtividade* é quando este permite aos indivíduos mais tempo de lazer: mais tempo para ficar com a família e os amigos; mais tempo para empregar em serviços não remunerados e intrinsecamente compensadores; mais tempo para se livrar do estresse que vem de outras pessoas terem poder sobre eles. A melhor maneira de promover o florescimento humano no nível atual de riqueza das sociedades desenvolvidas não é aumentar a quantidade de riqueza, mas redistribuí-la e usá-la para financiar o lazer. Dado esse fato, mesmo que soubéssemos projetar a escola para promover o crescimento (o que não sabemos), seria melhor usá-la para permitir à criança interagir com a economia de maneira a facilitar o seu florescimento nas horas de lazer. É a essa proposição que dedicarei o próximo capítulo.

3
Educar para o florescimento

A ideia básica deste livro é que o principal propósito da educação é promover o florescimento humano. Na base dos argumentos de preparar a criança para ser autônoma e para o mercado de trabalho, está a noção de que isso é valiosíssimo para que ela possa florescer na vida. A escola deveria ver-se na obrigação de facilitar o desenvolvimento da criança no longo prazo. Neste capítulo, quero discutir a consequência mais direta dessa exigência: que a escola prepare a criança para levar uma vida florescente.

Alguns leitores já estarão pouco à vontade com isso. Quem somos *nós*, dirão, para supor que sabemos o que fará florescer a vida de outra pessoa? O que *me* dá o direito de lhes impor o meu ponto de vista sobre como florescerão? Os professores, principalmente, podem recusar o papel paternalista que isso lhes atribui.

Tenho certa simpatia por essa linha de opinião, mas é só. No limite, ela questiona a própria ideia de obrigação dos pais. Quem se sente pouco à vontade com o papel de ajudar a criança a ter uma vida de florescimento, ou de fazer juízos sobre o que seria para ela esse florescimento na vida, deveria se sentir igualmente pouco à vontade ao forçá-la a comer o que considera comida boa ou saudável ou a escutar o que acredita ser boa música ou ler os livros que acha prazerosos. Ou, aliás, forçá-la a ficar sete horas por dia num prédio, a sentar-se quieta e escutar o que o professor tem a dizer e a interagir com numerosos outros presos por coação, com os quais talvez não tenha nenhuma afinidade natural. Se aceitamos o princípio de obrigação parental, aceitamos o princípio paternalista de que sabemos melhor do que a criança o que deveria lhe acontecer. E, uma vez aceito o princípio e a consequência de que os pais têm o direito de mandar os filhos à escola, temos de perguntar com que propósito usaremos o tempo que eles passam ali. A resposta simples é que devemos usar esse tempo, pelo menos em parte, para facilitar a sua probabilidade no longo prazo de ter uma vida florescente e bem-sucedida.

Como isso nos ajuda a responder às perguntas? Ora, de modo geral não devemos presumir que sabemos melhor do que os outros como eles devem levar a vida. Mas tornar-se professor, diretor de escola ou pai é adotar um papel no qual temos poder sobre a vida de uma criança, e sabemos que ela é extremamente mal informada sobre o que contribui para uma vida de florescimento e extremamente mal equipada para buscá-la. Quem se sente pouco à vontade com esse papel deveria evitá-lo ou cumpri-lo, apesar do desconforto.

No entanto, ter mais conhecimentos do que a criança e ter poder legítimo sobre ela não nos dá o direito de lhe impor a nossa opinião específica sobre como florescerá. O papel paternalista é muito complicado. Não deveríamos nos guiar pelas nossas opiniões preexistentes; em vez disso, a nossa opinião deveria guiar-se pelo nosso melhor juízo sobre a criança e os seus interesses – o tipo de coisa que promoverá o seu florescimento no longo prazo. Podemos dividir esses interesses em gerais e particulares. A criança tem interesses gerais de longo prazo comuns a todas as crianças, como o de ser capaz de obter abrigo e comida e de avaliar por conta própria se determinado modo de

Sobre educação

vida religioso é bom. Mas também tem interesses particulares que não são comuns a todas as crianças e são muito mais difíceis de serem identificados. Norma pode ter um talento musical que é do seu interesse cultivar, enquanto Betty pode ser totalmente amusical, mas ter um talento atlético que, se desenvolvido, a fará florescer. Graham talvez seja um jogador de futebol muito talentoso para quem o futebol é muito chato e cujo florescimento de longo prazo seria mais bem servido com a promoção do seu talento mais limitado de ator. Muitos pais estão familiarizados com o problema do filho que não quer estudar piano, mas que, no final das contas, como sabem os pais, se beneficiará desse estudo. Contudo, também há o caso de filhos que *realmente nunca* gostarão de tocar piano, mesmo que estudem e se tornem exímios pianistas. Pais e professores têm de fazer juízos minuciosos o tempo todo a respeito dessas questões em relação a cada criança. Cometem erros. Mas pelo menos têm razão para confiar que, quando levam a sério a sua responsabilidade paternalista, cometem menos erros, e menos drásticos, do que as próprias crianças cometeriam sem orientação.

Por outro lado, formuladores de políticas e administradores de escolas não fazem juízos minuciosos sobre interesses específicos de crianças específicas. Em vez disso, têm de ponderar o interesse geral das crianças e como criar um arcabouço institucional no qual esses interesses gerais sejam bem atendidos e os professores – e, quando mais velhas, as próprias crianças – possam fazer e implementar bons juízos minuciosos sobre interesses específicos. Os dois capítulos anteriores defenderam dois interesses gerais que podemos admitir que todas as crianças têm simplesmente por saber que estão crescendo na nossa sociedade, seja o que for que também saibamos sobre elas. Na primeira parte deste capítulo, vou esboçar certos conhecimentos gerais que temos sobre como e até que ponto as condições modernas impõem limites à vida de florescimento. Depois, defenderei que esse conhecimento tem certas consequências sobre o currículo escolar, sobre o que a escola deveria oferecer como atividade extracurricular e sobre o caráter do *éthos* da escola.

Temos muitos indícios do que deixa as pessoas felizes ou não. Também sabemos que a criança tem certas tendências que tornam muito difícil para a família, ainda que seja bem-intencionada e julgue bem os interesses da criança, prepará-la plenamente para uma vida de florescimento. Finalmente, sabemos que, na nossa sociedade, há determinadas barreiras bastante específicas à vida feliz e florescente com que muitas crianças terão de lidar e que não podemos prever com exatidão quais crianças enfrentarão certas barreiras ou serão mais vulneráveis a elas.

Richard Layard enumera os principais fatores que influenciam o nosso nível de felicidade e os chama de os "Sete Grandes": situação financeira, relacionamento familiar, trabalho, amigos e comunidade, saúde, liberdade pessoal e valores pessoais.[1] Sabemos que as pessoas não se tornam felizes com o materialismo nem com a riqueza trazida pelo materialismo. A pobreza torna as pessoas infelizes e restringe consideravelmente a sua capacidade de florescer, mesmo que seja concebida como conceito relativo e não absoluto. O estresse e o baixo *status* que acompanham a pobreza relativa e a falta de controle sobre as condições da própria vida diminuem a capacidade de florescer. Mas, assim que se atinge um nível razoável de segurança financeira, ter maiores renda e riqueza não torna as pessoas mais felizes, principalmente se para isso houver necessidade de passar mais horas no emprego, longe da família e dos amigos.

A renda do trabalho remunerado ajuda a ter mais controle sobre a vida e mais segurança, até certo ponto, mas não exerce muita influência além de certo nível. (Como vimos no Capítulo Dois, isso nos dá boas razões para duvidar do empenho por um crescimento econômico ainda maior que os políticos costumam defender.) Também sabemos que as pessoas ficam mais felizes

---

1 Layard, *Happiness*, p.62-70.

Sobre educação

quando estão ligadas em redes sociais. Relações íntimas e bem-sucedidas com familiares e amigos são correlatas a declarações de bem-estar subjetivo. Para a maioria de nós, poder interagir com outras pessoas e se relacionar intimamente com elas é uma precondição importantíssima do florescimento. Outra fonte importante de florescimento é o exercício de habilidades difíceis de dominar. As pessoas com a sorte de ter um emprego interessante que combine com a sua personalidade e o seu talento obtêm muito florescimento com o exercício desse talento. Mas também é comum, às vezes no trabalho, com frequência fora do emprego, os indivíduos apreciarem atividades nas quais não se destacam sob nenhum aspecto, mas que lhes fazem exigências apropriadas. Alguém pode achar um desafio escrever quadrinhas burlescas e ter grande satisfação em produzir versinhos engraçados que fazem rir as crianças ou os amigos. Outro pode gostar de jogar críquete o melhor possível no fim de semana, não só pela companhia mas também pela sensação de estar exigindo mais da sua capacidade limitada. Para muitos, como ressaltei no Capítulo Dois, embora seja importante ter um emprego ou pelo menos não estar involuntariamente desempregado, é nas horas de lazer que se encontra o significado da vida.

Os indícios em que me baseei dizem respeito à *felicidade*; eles nos revelam, em contornos amplos, que fatores contribuem para que os indivíduos tenham vidas felizes e não infelizes. No entanto, felicidade e florescimento não são idênticos. Costumamos pensar que alguém floresce quando obtém muito valor, mesmo quando não achamos que, pessoalmente, ele seja feliz. Pode-se considerar florescente um artista que consegue produzir grandes obras, apesar da infelicidade da sua vida pessoal; na verdade, podemos pensar assim mesmo quando achamos que é a própria infelicidade que produz a grandeza. Por outro lado, quando acreditamos que a felicidade de alguém é mero resultado de estimulantes artificiais ou da ignorância do que realmente acontece à sua volta, em geral, não o consideramos florescente. Tomemos, por exemplo, alguém que só é feliz porque não sabe que os "amigos" o desprezam em segredo. O florescimento é uma propriedade mais rica do que a felicidade, sensível a muito mais características da vida do que apenas o estado interior. Além disso, toda teoria do florescimento é inevitavelmente controvertida: alguns leitores discordarão que felicidade e florescimento não são a mesma coisa, outros pensarão em florescimento segundo vários termos religiosos e outros ainda no tocante ao exercício de capacidades ou virtudes específicas.

Até que ponto isso é um problema? Não temos provas diretas do que faz as pessoas florescerem, tanto porque o florescimento é controvertido, quanto porque, para qualquer teoria específica (e controvertida), seria difícil observar diretamente as causas do florescimento. É interessante que os "Sete Grandes" fatores da felicidade de Layard correspondem praticamente aos elementos presentes em numerosas descrições religiosas e filosóficas do florescimento. Eles também permitem muita diversidade na maneira de atingir a felicidade: admitir que se consegue florescer por meio do envolvimento com os amigos e com a vida familiar, por exemplo, deixa em aberto tipos numerosos de amizade e de família. Portanto, acho justo supor que os indícios do que torna os indivíduos felizes no mundo real também são os indícios do que os faz florescer.[2]

Como os indícios do que torna as pessoas felizes pode guiar a educação? Consideremos o tipo de desafio que a criança, ao se tornar adulta, enfrentará ao se envolver com o mundo de um modo que facilite o seu florescimento. Em primeiro lugar, sabemos que a vida familiar se complica cada vez mais por causa de dois fatores, pelo menos. O primeiro é que quase 50% dos

---

2   Isso é óbvio para letristas e comediantes, mesmo que seja complicado para os filósofos. Como diz Ken Dodd, "quem quiser medir o sucesso de um homem, não deve contar dinheiro; conte felicidade".

Sobre educação

casamentos terminam em divórcio e uma proporção altíssima desses divórcios ocorre quando os filhos ainda moram com os pais. Isso significa que a maioria dos que se casarem estará num relacionamento em que um dos parceiros tem pais que não são mais casados. Além disso, a maioria dos pais divorciados se casa de novo ou estabelece um relacionamento semelhante ao casamento. Assim, como adultos que administram a própria vida, terão de se envolver com pelo menos três famílias de pais, em vez das duas antes normais. As exigências emocionais e o desgaste de tempo e energia impostos ao pai ou mãe recasado são maiores do que as impostas ao não divorciado; o filho de pai ou mãe recasado não só tem de lidar com mais famílias, como também precisa enfrentar mais concorrência pela atenção e pelo interesse paterno ou materno.[3] Em segundo lugar, a mobilidade geográfica drasticamente ampliada da nossa sociedade enfraquece as ligações entre os adultos no círculo familiar. Quando moram a grande distância geográfica uns dos outros, pais, filhos e irmãos adultos são fontes menos disponíveis de apoio e cuidado mútuos. Dessa maneira, até famílias *intactas* estão frequentemente menos interligadas na idade adulta do que se esperaria há uns trinta anos.

Um segundo fenômeno notável é o aumento da influência comercial sobre a cultura pública da nossa sociedade e, em especial, sobre a criança. A televisão se tornou uma influência generalizada, e o seu conteúdo nos Estados Unidos é quase totalmente ditado por imperativos comerciais. Nesse país, em 2004, os marqueteiros gastaram cerca de US$ 15 bilhões só para atingir as crianças.[4] No Reino Unido, o comercialismo é menos generalizado, mas ainda poderosíssimo, principalmente depois do surgimento da TV a cabo e via satélite, de modo que as redes públicas de serviços sofrem forte pressão para disputar

---

3   Ver Waite, *The Case for Marriage*.
4   Schor, *Born to Buy*, p.21.

público com os canais comerciais. A característica notável do comercialismo na cultura é que, além de os valores promovidos pelos interesses comerciais não serem bons, as pessoas que os promovem não acreditam que sejam bons. Vejamos o confronto de Juliet Schor com o setor de *marketing*:

> As crianças estão sendo expostas a muito *glamour*, moda, estilo, ironia e música popular, isto é, sexo. Até o Disney Channel, tão adequado à família, está cheio de roupas e danças sexualmente sugestivas. Um funcionário da Radio Disney me explicou que a empresa fica de olho nas letras, mas deixa o resto para lá. [...] Emma Gilding, da Ogilvy & Mather, contou uma experiência que teve durante a gravação de um vídeo doméstico. A menininha fazia uma imitação de Britney Spears, com olhares convidativos e movimentos sensuais. Quando Gilding lhe perguntou o que queria ser quando crescesse, a garota de 3 anos respondeu: "uma cachorra gostosa". [...] Mary Prescott [profissional do setor], mais profundamente envolvida [do que outros entrevistados] no mundo da animação, confessou estar fazendo "a coisa mais horrível do mundo. Estamos visando crianças pequenas demais com coisas inadequadas demais. [...] Não vale a grana que entra".[5]

A marca do sucesso das estratégias de *marketing* é vender um produto. Compare-se isso com os movimentos políticos, religiosos e intelectuais que configuraram a cultura pública da Reforma, do Iluminismo e da época vitoriana. Em geral, quem propunha valores acreditava que eram bons, não só para si como para os outros. É claro que, em muitos casos, estavam errados, e sem dúvida a hipocrisia não era rara. Mas, no ambiente cultural que a maioria de nós habita hoje, as forças mais poderosas que tentam configurar a cultura são movidas pela ambição de apurar mais lucros. Nos Estados Unidos, especificamente, cada vez mais

---

5 Ibid., p.57.

Sobre educação

os espaços não comerciais são os quase desabitados. É difícil comparecer a um evento público, quase impossível se for de caridade, que não esteja empastelado de mensagens comerciais em busca de lucro. Essas mensagens são sempre criadas para visar ao desejo de aquisição latente na maioria de nós. Ainda assim, há vários indícios de que muitas coisas que adquirimos não nos tornam felizes nem nos ajudam a florescer, e também de que estimular esse espírito de ganância nos deixa infelizes.[6] A terceira característica à qual quero chamar a atenção é a complexidade financeira da vida moderna. Parte disso consiste no fenômeno relativamente novo de que todos esperam viver muito mais além dos anos de trabalho do que antigamente e não esperam ser sustentados pelos filhos na aposentadoria. A medicina e os programas de saúde pública modernos (inclusive as melhorias de salubridade e segurança no trabalho) aumentaram drasticamente a expectativa de vida de homens e mulheres. Além disso, a redução da interligação das famílias e o aumento do custo de criação dos filhos fez destes uma fonte ainda menos confiável de sustento na velhice. Assim, dada a inevitável incerteza política das pensões da previdência social (Social Security, nos Estados Unidos) e a sua parcimônia, os adultos estão diante da tarefa relativamente nova de fazer uma poupança adequada para a aposentadoria. No entanto, parte do desafio consiste na abundância de crédito individual concedido, não por mercadores motivados por um interesse próprio esclarecido e imbuídos de conhecimento local, mas por empresas financeiras motivadas pelo lucro e quase desprovidas desse conhecimento. As administradoras de cartão de crédito têm um forte incentivo para seduzir consumidores a se tornarem clientes e estes a contrair dívidas de longo prazo. Gerenciar dívidas se tornou uma habilidade fundamental para os indivíduos nas economias capitalistas avançadas.

---

6 Ver resumo das provas em Kasser, *The High Price of Materialism.*

Mas o aumento do tempo de lazer como fração da vida também apresenta desafios e oportunidades: o que fazer com esse tempo livre? Há maneiras mais e menos compensadoras de empregá-lo. Num estudo recente sobre a concepção que se faz da liberdade nos Estados Unidos, o famoso sociólogo Orlando Patterson verificou que grande percentual das mulheres pensava imediatamente nas compras como a hora em que se sentem mais livres (os homens, por sua vez, pensavam em dirigir).[7] Mas há muitos indícios de que fazer compras não seja uma atividade muito compensadora. Ao comprar um item novo, os consumidores têm um pico de euforia imediato e de curto prazo que se dissipa rapidamente.[8] Para a maioria, adquirir bens de consumo não é algo que leve ao bem-estar geral. E, como é caro, os que se dedicam muito a esse hábito precisam de mais trabalho remunerado. As atividades que levam o indivíduo a desenvolver e exercitar habilidades complexas e a se envolver intimamente com outros têm muito maior probabilidade de aumentar o bem-estar no curto e no longo prazos. A economista Juliet Schor chegou a verificar que, para os adolescentes, o envolvimento com a cultura materialista é uma contribuição causal significativa a vários males, como ansiedade, depressão e piora do relacionamento com os pais.[9]

Fiz vários comentários sobre os tipos de atividade propícios ao florescimento. Não os considero especialmente controvertidos, mas entendo que alguns leitores os questionarão. Além disso, muitos dos que concordam com eles não se sentirão à vontade com o paternalismo envolvido em impor a outros esses tipos de atividade. O fato de saber melhor do que Kenneth o que o fará florescer não me dá o direito de impor a ele esse florescimento. Mas, ao examinar as inferências dos comentários dessa

---

7 Orlando Patterson, *Freedom in the Modern World*.
8 Kasser, op. cit., p.82, 85-6.
9 Schor, op. cit., cap. 8.

Sobre educação

primeira parte do capítulo para o que a escola deveria fazer, veja bem que, na verdade, não defendo que a criança deva ser *forçada* a levar a vida de algum modo específico. A escola tem o dever paternalista de dar à criança muitas oportunidades de desenvolver os recursos necessários para florescer na vida e, para isso, tem de utilizar informações confiáveis sobre o florescimento humano. Mas, ao fazê-lo, não impõe um modo de vida à criança, que será submetida a uma miríade de outras influências. Caso a sua autonomia seja facilitada, como recomendo no Capítulo Um, a criança será capaz de avaliar como viver a partir das alternativas disponibilizadas de forma realista.

O que o sistema educacional pode e deve fazer em resposta às observações anteriores para cumprir a obrigação de preparar a criança para uma vida de florescimento?

Pensemos primeiro no currículo acadêmico ou cotidiano da escola. Um erro seria dividi-lo em "vocacional", de um lado, e "preparatório para a vida", do outro. Temos o currículo acadêmico tradicional – língua materna, Matemática, língua estrangeira, Ciência etc. – que prepara o aluno para o sucesso no mercado de trabalho. Depois, temos matérias como saúde pessoal e educação social, programas contra álcool e drogas, como cuidar dos filhos, educação religiosa, estudos sociais – e essas matérias preparam os alunos para a vida. Talvez haja algumas matérias que ficam numa área indefinida, como artes plásticas, música, culinária e educação física.

Por que é um erro conceber o currículo assim dividido? Principalmente porque muitas matérias acadêmicas tradicionais oferecem oportunidades relevantes para o florescimento da criança no longo prazo e não são mera preparação para o mundo do trabalho. Algumas crianças adquirem fora dos muros da escola um amor vitalício por Jane Austen, Shakespeare ou Rimbaud, mas, em sua maioria, aqueles que desenvolvem esse entusiasmo só o fazem porque estudaram esses autores (ou assemelhados) no ambiente da sala de aula, onde foram manipulados ou claramente coagidos a investir o esforço necessário para ler e apreciar a sua obra. Geralmente, quem é criado num lar monolíngue numa sociedade em que a língua nacional predomina só aprenderá um segundo ou terceiro idioma se for obrigado a isso por alguma agência – que, mais uma vez, normalmente será a escola. Algumas crianças adorarão o idioma que aprendem e algumas o usarão no seu trabalho; mas, para muitas outras, ele será o caminho para conhecer e se envolver com uma cultura diferente da sua subcultura ou sociedade. Em relação às matérias mais técnicas, como Matemática e Ciência, talvez seja ainda mais raro encontrar fora da escola um jeito que facilite o entusiasmo duradouro por elas. Mas o entusiasmo por algum aspecto da Matemática, da Física ou da Biologia inunda a vida de algumas crianças tanto quanto o entusiasmo pela música ou pela literatura inunda a vida de outras.

Essa é a noção que fundamenta muitas defesas tradicionais do currículo acadêmico padronizado como "educação liberal". A ideia é que é do interesse da criança – de forma totalmente independente do interesse em se equipar de habilidades para o trabalho – conhecer os maiores bens culturais que a nossa civilização produziu. Esse interesse vem do fato de que tais bens podem servir-lhes em seu modo de vida; como se diz às vezes, o bem constitui o valor intrínseco da educação. Nas defesas conservadoras tradicionais, o foco costuma recair mais sobre literatura e artes plásticas e, especificamente, sobre a cultura ocidental. Atualmente, esse foco parece um tanto estranho. As sociedades não ocidentais produziram grandes bens culturais e haveria muitas razões para apresentar alguns deles às crianças ocidentais, mesmo que as sociedades ocidentais atuais não fossem, como são, povoadas em boa parte por indivíduos que consideram sua raiz cultural como pertencente a sociedades não ocidentais. A defesa da diversidade cultural na educação não depende da noção de que a nossa sociedade é diversificada; ela é apenas reforçada por esse fato. A Matemática e a Ciência

Sobre educação

também são grandes conquistas culturais, e há boas razões ligadas à "vida" para incluí-las no currículo.

No entanto, também estaria errado encaixar no currículo acadêmico tradicional *todas* as exigências do preparo da criança para uma vida de florescimento. As observações que fiz na primeira parte indicam quatro tipos distintos de experiência educacional que a criança deveria ter fora do currículo acadêmico tradicional. Em primeiro lugar, ela deveria ter aulas em que aprendesse sobre a vida familiar, inclusive a boa criação dos filhos e o desenvolvimento emocional. Em segundo lugar, deveria aprender o que às vezes se chama de "equilíbrio entre vida e trabalho" e como lidar com as exigências do local de trabalho. Terceiro, deveria conhecer fatos simples sobre o funcionamento do mercado de crédito, investimento e poupança, além de suas obrigações como contribuinte. Finalmente, deveria aprender algo sobre o que permite uma vida de florescimento, o lugar nela do consumo e dos gastos e como usar o lazer de forma frutífera.

Essas coisas deveriam ser ensinadas em aulas de "matérias" separadas? Não tenho opinião a respeito. O princípio condutor importante é que essas questões devem ser tratadas na escola de modo que a sua importância fique clara para a criança. Com a pressão sobre o tempo de professores e administradores, muitas vezes, embora nem sempre, ensinar uma matéria como "componente transversal do currículo" significa reduzir a sua importância e, às vezes, não ensiná-la de jeito nenhum.[10] Também é importante ensinar de maneira a não confundir a criança e levá-la a pensar, por exemplo, que a principal razão de aprender Matemática é saber controlar a conta bancária e lidar de modo seguro com as empresas de cartão de crédito. Essas são habilidades valiosas na nossa sociedade que a escola está fadada a transmitir, mas não a parte principal, sequer importante, do

---

10 Whitty; Rowe; Aggleton, Subjects and Themes in the Secondary-School Curriculum, *Research Papers in Education*, v.9, n.2.

aprendizado da Matemática. Não tenho capacidade para recomendar um modo específico de integrar ao currículo o ensino de habilidades da vida. Os administradores têm de considerar as circunstâncias da sua escola e da população escolar específica, e integrar os temas ao currículo de maneira a transmitir a sua importância às crianças de forma apropriada.

Antes de comentar as atividades extracurriculares e as considerações ligadas ao *éthos*, quero abordar duas preocupações bem óbvias a respeito de incorporar ao currículo formal as questões de habilidade para a vida. A primeira é que os professores levarão para a sala de aula, de forma inadequada, as suas próprias tendências e experiências. Em algumas matérias – culinária, por exemplo – isso não é importante. Entretanto, em outras – como ao ensinar questões sobre casamento e vida familiar, educação sexual, temas ligados ao álcool e às drogas –, isso pode ser bem grave. A única resposta sensata a essa apreensão é admitir que é impossível assegurar que os professores sempre conseguirão tratar as crenças pessoais com ceticismo e distância apropriados. Mas, nesse campo, essa preocupação não é mais importante do que em inglês, educação religiosa ou estudos sociais. No Capítulo Sete, farei alguns comentários sobre como os programas de educação para professores e diretores de escolas podem abordar o problema da tendenciosidade do professor ao educar a criança para ser apenas um cidadão, e acho que esses comentários também se aplicam aqui.

A segunda preocupação com o ensino de habilidades para a vida é que, às vezes, elas simplesmente não deveriam ser ensinadas na escola, porque ensiná-las é desperdício ou contraproducente. Os leitores não norte-americanos acharão incrível o que vou dizer, mas, em algumas regiões dos Estados Unidos, para concluir o curso escolar é necessário ser aprovado num curso de educação para motoristas. Na maioria dos estados desse país, a lei permite que jovens de 16 anos adquiram habilitação e dirijam carro próprio. Consequentemente, quando a escola dá aulas de educação para motoristas, os alunos costumam ter 15 ou 16 anos e passam a dirigir após aprovadas no curso. Portanto, embora não produzam motoristas prudentes, esses cursos encorajam as pessoas a dirigir mais cedo, provocando, assim, uma taxa mais alta de acidentes e mortalidade não só entre esses jovens, mas também entre aqueles que dividem as ruas com eles.[11] Nesse processo, o Estado, além de gastar recursos que poderiam ser destinados a música, Matemática ou redução tributária, ainda torna as ruas mais perigosas. A Ciência Social é menos conclusivamente negativa sobre os programas ligados a álcool e drogas, mas é claro que vários desses currículos são adotados sem nenhuma prova de que reduzam o uso ou a dependência de álcool e drogas, que, ao que se presume, é a única razão para serem oferecidos.

Quero fazer dois comentários sobre essa preocupação. Primeiro, quando a meta da oferta curricular de um curso é mensurável e bem clara no curto ou médio prazo, as autoridades escolares deveriam assegurar, energicamente, que pesquisadores independentes avaliassem com rigor os efeitos do programa. Com os indícios que temos, todos os estados norte-americanos deveriam adotar 17 ou 18 anos como idade mínima para dirigir, em vez de 16, e a educação para motoristas como matéria curricular deveria ser imediatamente eliminada no país inteiro. Como em todas as matérias do currículo, quando forem relativamente fáceis de obter, as informações sobre o cumprimento das metas devem ser colhidas e dar embasamento às ações.

Mas, em muitos aspectos do currículo escolar, seja orientado para o mercado de trabalho, seja para o florescimento, não é nada fácil descobrir até que ponto as metas são cumpridas ou que alternativas seriam melhores. Qual é a meta, por exemplo, da educação ligada à família e à criação de filhos? A principal é capacitar a criança a lidar melhor com a complexidade que enfrentará ao chegar à idade adulta, de modo que possa florescer melhor na

---

11 Try It and See, *The Economist*, 28 fev. 2002.

vida pessoal e tratar os outros com respeito e humanidade – como medir o sucesso nesse caso? Além disso, ao contrário de ensinar jovens a dirigir, é inevitável que parte do que acontece na escola tenha ligação com essas questões, estejam ou não no currículo formal. Seria impossível, por exemplo, ensinar literatura sem a discussão séria dessas questões e difícil ensinar bem História sem pelo menos abordá-las. Assim, parece desejável formalizar a inclusão da matéria no currículo e assegurar que professores e administradores reflitam sobre o que deve ser ensinado, quais são as metas e se há pelo menos uma correlação plausível entre o que se pretende e o que é feito.

O currículo formal é apenas a parte principal do que acontece nas escolas. Todas elas têm atividades extracurriculares. Dado que forçamos a criança a frequentar a escola durante um período substancial da vida, temos a obrigação de fazer desse um ambiente agradável no qual, entre outras coisas, ela possa se divertir. Parte significativa da motivação de oferecer atividades extracurriculares deveria ser propiciar divertimento. Mas os administradores escolares também admitem que, para muitas crianças, as atividades extracurriculares são uma oportunidade de encontrar, experimentar e avaliar atividades que nunca conheceriam bem, se não fosse a escola. Provavelmente, a maioria das que participam do clube de latim gosta de latim. Mas é provável que muitos das que representam no grupo de teatro, cantam no coro da escola ou participam do grupo de música do século XVI, do clube Tibete livre ou do clube de jovens jardineiros começaram por curiosidade ou contagiadas pelo entusiasmo de um amigo ou professor. Tanto quanto o currículo formal, no mínimo, a experiência extracurricular pode dar origem a entusiasmos duradouros e metas de longo prazo.[12]

---

12 Isto é, se as experiências não forem contaminadas pela reação aos incentivos perversos embutidos no processo de admissão na faculdade, como nos Estados Unidos, onde as faculdades dão peso considerável a demonstrar participação de alto nível em atividades extracurriculares.

Há algum artifício que permite saber que tipo de atividade extracurricular oferecer na escola? É óbvio que a qualificação e o entusiasmo dos professores serão uma consideração de peso, o que é muito justo: para quem supervisiona, é difícil apresentar uma atividade de forma expressiva sem acreditar que, fundamentalmente, ela seja válida. Mas vale a pena ter em mente três considerações. A primeira é que a constituição básica das crianças e o tipo de atividade que consideram compensadora variam imensamente. Depois, é fácil encontrar inúmeras atividades fora da escola. Assim, quando a escola as reproduz, na melhor das hipóteses, desperdiça a oportunidade de ampliar o ponto de vista de alguns alunos e, na pior, reforça a impressão de que essas atividades são as únicas disponíveis. A terceira consideração é que, às vezes, a escola constitui o único local para uma oportunidade específica apenas porque ela assume esse papel. Por exemplo, é bastante improvável que, se as escolas secundárias norte-americanas desistissem de organizar o futebol americano, essa atividade ficasse indisponível fora da escola. Mas é bastante provável que, caso se recusem a oferecer a turma de latim, esta não fosse mais disponibilizada em nenhum lugar.

A consideração final diz respeito ao *éthos* da escola. Falei um pouco a esse respeito no Capítulo Um e direi mais na Segunda Parte do livro. Mas vale notar aqui que o *éthos* pode afetar não só o funcionamento azeitado da escola no cotidiano como também o modo como a criança interpreta a sua experiência escolar. O *éthos*, por sua vez, é influenciado pela interação de uma combinação de fatores, como o autoconceito e a diversidade dos professores; a composição do corpo discente; a declaração de missão da escola; o currículo e o extracurrículo; a aparência física da escola; as escolhas dos administradores a respeito do tipo de atividade que destacam para elogios e esclarecimentos; etc. Assim, por exemplo, frequentemente as lideranças escolares das escolas secundárias norte-americanas decidirão encurtar o dia letivo acadêmico para facilitar e, em alguns casos, forçar o comparecimento de todos ao aquecimento da torcida do time da escola, dando, assim, endosso especial às atividades envolvidas. Os professores adotam *personas* ao ensinar e, nesse papel, tomarão decisões sobre quanto do seu interesse e consciência sobre a cultura popular comercial revelarão às crianças e também sobre quais de seus interesses não convencionais revelarão, o quanto e de que modo. O *éthos* de uma escola que se identifique intensamente com a cultura popular predominante e que, por exemplo, dê ênfase especial aos esportes profissionais convencionais conduz a experiência da criança rumo a interesses que provavelmente ela encontrará e pelos quais se entusiasmará mesmo fora da escola. Entretanto, a escola cujo *éthos* seja não propriamente de contracultura, mas talvez suplementar à cultura popular valorizará de forma deliberada numerosos tipos de atividade não prontamente promovidos fora da escola, com base no princípio de que, assim fazendo, ampliará a variedade de oportunidades realistas de ocupações que aprimorem o lazer das crianças.

Mesmo coisas tão simples como a duração das pausas para refeições e o tipo de refeição servido às crianças fazem parte do *éthos* da escola. A tendência, dos últimos 20 anos, a refeições de *junk food* constitui uma mudança de *éthos*. O almoço no estilo "lanchonete" substituiu o almoço no refeitório, e isso evidencia uma atitude diferente diante do ato de comer e da socialização, além de encorajar a autossegregação entre as crianças. O período dedicado ao almoço também é importante; a escola que só prevê 20 minutos (o que não é raro nas escolas públicas norte-americanas) estimula uma determinada atitude perante a comida e desencoraja a ideia de que as refeições são uma oportunidade de relaxar e se socializar. Algumas dessas mudanças podem ser positivas; a questão é notar que decisões sobre a vida da escola que parecem bastante triviais e "administrativas" contribuem para o seu *éthos*, que, por sua vez, afeta a capacidade da escola de cumprir a sua missão.

Sobre educação

Assim, a escola deveria considerar tarefa sua facilitar o florescimento presente e futuro dos alunos. Na verdade, esse é o princípio que embasa o imperativo descrito nos Capítulos Um e Dois de facilitar a autonomia da criança e prepará-la para participar da vida econômica. No próximo capítulo, explicarei o princípio final, que conclama a escola a promover habilidades e características que contribuam não só para o florescimento individual do aluno, mas também, por meio da participação na vida política, para o florescimento de outros.

4
Criar cidadãos

Até aqui me concentrei em objetivos educacionais nos quais o benefício à pessoa que recebe a educação vem em primeiro lugar. Neste capítulo, quero me concentrar num objetivo que costuma ser justificado pelo benefício dos outros. A criança que se torna cidadão pleno numa sociedade democrática pode ou não ganhar por ser assim, mas seus concidadãos se beneficiam consideravelmente, pelo menos se essa criança for acompanhada de uma massa crítica de cidadãos plenos. Se as crianças de hoje se tornarem bons cidadãos amanhã, cometerão menos crimes, serão menos grosseiras e farão contribuições políticas mais bem pensadas do que se forem maus cidadãos, e todos se beneficiarão com isso. No entanto, o ganho não vai *apenas* para os outros. A maioria de nós também ganha por ser um bom cidadão. Exercemos o poder de autocontrole, de pensamento racional e de preocupação altruísta ao sermos bons cidadãos e também conquistamos o respeito dos outros. Tudo isso tem valor genuíno para nós e para eles. Além disso, o bom cidadão não é totalmente desatento aos próprios interesses. Embora numa sociedade inteiramente justa o cidadão sempre participe como um tipo de deliberador imparcial, nas sociedades reais caracterizadas por certo grau de injustiça muitas crianças crescerão para ser vítimas dessa injustiça. Dessa maneira, embora motivada por considerações imparciais, a sua participação, caso bem pensada e eficaz, lhe trará benefício direto.

A discussão da educação, tanto acadêmica quanto política, tende a partir do pressuposto de que uma das principais metas da escola é produzir bons cidadãos – na verdade, nos Estados Unidos, primeiro país a institucionalizar a escola pública universal, a justificativa básica era produzir um corpo unificado de cidadãos a partir de uma nação de imigrantes com diversas identidades e fidelidades preexistentes. Mas há muito menos concordância a respeito do que constitui exatamente a boa cidadania e como isso deve se refletir na escola.

As limitações deste livro justificam que eu me concentre numa concepção específica de cidadania em vez de uma concepção geral. Esta explicaria em um nível bem amplo o que representa a boa cidadania em qualquer tipo de sociedade. Faria uma descrição geral que incluiria a cidadania tanto em sociedades um tanto injustas – como a nossa, na qual os cidadãos têm caminhos realistas para se proteger das injustiças mais graves –, quanto em sociedades radicalmente injustas – como a Alemanha de Hitler e a Rússia de Stálin, nas quais os cidadãos não tinham proteção contra o poder arbitrário do Estado. Por exemplo, embora eu ache que os bons cidadãos da sociedade democrática liberal devam ter a disposição anulável para obedecer à lei, é possível que os bons cidadãos da Alemanha de Hitler não a tivessem e meramente calculassem, a cada lei, se obedeceriam a ela ou não. Sem dúvida, embora eu acredite que, durante a minha vida, nenhum cidadão britânico teria justificativa para assassinar um líder político britânico, presumo que qualquer alemão, durante o domínio nazista, teria justificativa para assassinar autoridades nazistas, se as consequências fossem suficientemente positivas.

Sobre educação

Proponho uma concepção de boa cidadania na democracia liberal que tem três componentes básicos, todos disposições. O primeiro é a disposição para obedecer à lei. Numa sociedade dotada de instituições democráticas, estado de direito e proteção razoável da liberdade individual, o bom cidadão deve se dispor a obedecer às leis aprovadas pelo governo, mesmo quando discordar delas e acreditar que são injustas. Essa disposição tem de ser anulável porque às vezes é justificável desobedecer à lei em nome da justiça e de outros grandes bens. É fácil citar exemplos de desobediência justificada às leis; muito mais difícil é formular regras claras que tornem óbvia a necessidade de juízo individual. Assim, por exemplo, me parece que boa parte da desobediência às leis praticada por ativistas do movimento pelos direitos civis nas décadas de 1950 e 1960 não só se justificava como foi moralmente admirável. Quem disser que Rosa Parks não tinha razão quando se recusou a ir para os fundos do ônibus está errado. Seria fácil justificar alguém que dirigisse na contramão numa rua de mão única, furasse o sinal vermelho quando claramente não houvesse riscos ou furtasse um carro, quando essa fosse a única maneira de salvar a vida de um moribundo (por exemplo, levando-o a tempo para o hospital). Mas a disposição para obedecer à lei é importante porque o estado de direito é um bem valioso para todos os que nele vivem.

Ligado ao primeiro, o segundo componente é a disposição para se dedicar à participação política pelos canais legais para obter justiça e para atender a certos interesses próprios aos quais seja legítimo atender. A primeira parte dessa disposição é fácil de explicar: quando se está consciente da injustiça, tem-se a obrigação de contribuir para erradicá-la. Como as injustiças são numerosas, é preciso ponderar sobre a distribuição do esforço, e o bom cidadão faz o cálculo com base na probabilidade de reduzir a injustiça a cada pequeno esforço que dedicar a isso. Mas também, quando houver canais legais e políticos disponíveis, estará disposto a usá-los em vez de preferir meios ilegais. A segunda parte é mais complexa. Todos os cidadãos têm interesses próprios e, embora seja legítimo que busquem atender a alguns deles por meio de canais políticos, é ilegítimo que busquem atender a outros. Assim, por exemplo, embora seja legítimo que o pai de um deficiente pressione o governo para dedicar mais recursos à necessidade de melhor educação especial, motivado principalmente pelo benefício de seu filho, não seria legítimo que a empresa de agronegócio Archer Daniel Midland pressionasse o governo para manter os tributos agrícolas, motivada principalmente pelo interesse de aumentar a própria lucratividade.

A complexidade decorre, às vezes, do fato de que, quando um sistema é erradamente configurado para estimular as pessoas a atender a interesses a que seria ilegítimo atender, isso, de fato, pode legitimar a tentativa. Desse modo, por exemplo, o sistema norte-americano de governo representativo e de financiamento de campanhas pressupõe que os interesses comerciais usarão pressões políticas para obter rendimentos (benefícios imerecidos). Isso significa que, em algumas áreas da economia, o segmento que se abstiver de exercer pressão política dará um tiro no pé, porque para permanecer economicamente competitivo é preciso competir politicamente com outros segmentos. Os vários segmentos do setor de transportes, por exemplo, têm de competir entre si pelos enormes subsídios que se espera que o Congresso norte-americano distribua. Se o setor ferroviário decidisse se afastar desse processo, ficaria injustamente ainda mais fraco em relação aos concorrentes muito mais subsidiados (os setores aéreo, automotivo e de caminhões).

Para o cidadão, isso é importante não só porque ele pode trabalhar para essas empresas mas também porque o mesmo fenômeno pode ocorrer no nível do comportamento individual. O caso clássico, na realidade, é entre a escola pública e a particular. No Reino Unido, onde cerca de 7% das crianças frequentam escolas particulares, uma proporção substancial

Sobre educação

dessa percentagem frequenta estabelecimentos de ensino criados para facilitar a entrada numa elite social e econômica. Há fortes argumentos para defender que a proibição do ensino particular seria legítima, melhoraria o ensino público e aumentaria a igualdade de oportunidades por impedir que os filhos de pais ricos se beneficiassem da riqueza da família de um modo específico e ilegítimo. Suponhamos que esse argumento seja bom. Assim sendo, as escolas particulares deveriam ser proibidas, e nesse caso ninguém teria justificativa para matricular os filhos nelas. Mas, injustamente, essas escolas têm permissão de funcionar, em detrimento (de acordo com o argumento) das públicas. Nesse ambiente, os pais que normalmente não teriam justificativa para mandar o filho para a escola particular passariam a tê-la. Por exemplo, os pais podem acreditar com razão que, nas escolas estatais disponíveis, o filho teria uma experiência educacional inadequada e que, na particular, obteria uma experiência adequada. Se esses pais também acreditassem que, caso as escolas particulares fossem abolidas, as públicas disponíveis na verdade ofereceriam ao filho uma experiência educacional adequada, ainda assim poderiam ter justificativa para preferir o ensino particular. Realmente, se tinham boas razões para acreditar que na escola estatal a experiência do filho seria inaceitável – do tipo que ninguém deveria ter e que ninguém teria, caso as escolas particulares fossem abolidas –, então podem ser *moralmente obrigados* a preferir a escola particular. A questão é que, numa sociedade um tanto injusta, pode-se ter justificativa de fazer algo que não teria justificativa nenhuma numa sociedade totalmente justa, e que a disposição dos bons cidadãos para atender aos seus interesses particulares deveria ser sensível a isso.[1]

Os dois primeiros elementos da boa cidadania são relativamente incontestáveis. Mas o terceiro elemento que proponho

---

1 Ver uma discussão fascinante dos princípios morais em jogo quando se escolhe a escola dos filhos em Swift, *How Not to Be a Hypocrite*.

é muito mais controvertido, tanto em debates políticos quanto nos acadêmicos. É a disposição para se dedicar à participação política com espírito de respeito e a disposição de se dedicar a discussões públicas. Essa ideia ficou famosa entre os acadêmicos com a obra de John Rawls, e os teóricos políticos Amy Gutmann e Dennis Thompson a descrevem como "norma da reciprocidade", dando a explicação:

> Qualquer declaração deixa de respeitar a reciprocidade quando impõe a outros cidadãos a exigência de adotarem o modo de vida sectário de alguém como condição para ter acesso ao entendimento moral essencial para avaliar a validade das declarações morais desse alguém.[2]

Outra maneira de pensar na norma é dizer que, quando nos dedicamos à política usando discussões públicas, não deveríamos fazer afirmativas e usar argumentos que não pudessem ser aceitos por outros a menos que já tivessem compromissos morais fundamentais com aquilo que esperamos que pessoas racionais discordem. Assim, por exemplo, se eu argumentasse que o aborto deveria ser ilegal porque toda vida humana é sagrada e que esse fato é comprovado por revelação divina, eu estaria violando a injunção, porque algumas pessoas perfeitamente racionais não têm acesso à revelação divina, a menos que adotem a minha visão de mundo. Por outro lado, estarei obedecendo à norma à medida que for capaz de dar razões bem embasadas nos valores também defendidos por pessoas com entendimento moral bem diferente. Do mesmo modo, quem argumenta que a pena de morte deveria ser ilegal com base em que executar outro ser humano envolve a substituição ilegítima da vontade do homem ou da vontade de Deus violaria a norma. A ideia é que, quando damos todo o nosso apoio ao poder coercitivo do Estado, deveríamos nos

---

2 Gutmann; Thompson, *Democracy and Deliberation*, p.57.

abster de apelar para razões que, como sabemos muito bem, só seriam aceitas caso os outros mudassem totalmente a sua visão de mundo, mesmo que essa visão de mundo seja adequada a pessoas racionais.

A norma da reciprocidade se aninha numa concepção específica de legitimidade do Estado segundo a qual, quando usa a força contra os cidadãos, o Estado lhes deve uma justificativa das suas ações. Além disso, essa justificativa tem de ser tal que eles, desde que sejam racionais, possam entendê-la e, em princípio, vir a aceitá-la por meio do exercício livre da própria razão. Os apelos à revelação divina, à autoridade de textos supostamente sagrados, ao puro e simples interesse próprio e a experiências pessoais e impossíveis de reproduzir não têm essa característica. Quando esse tipo de razão é usado como justificativa da coerção, comete-se uma infração contra quem está sendo coagido. Pode-se pensar nisso, se for o caso, como uma versão da exigência de "consentimento dos governados". Os adversários de alguma lei ou política têm mais razão de consentir com ela quando lhes é explicada em termos que, em princípio, poderiam vir a adotar, do que quando não se faz nenhum esforço para envolver os seus valores na justificativa.

A norma da reciprocidade é alvo de duas fortíssimas objeções, e quero abordá-las aqui. Ambas dependem da observação de que a norma exige que nos distanciemos de algumas crenças muito arraigadas sobre o que dá significado e valor à vida. Costuma-se acreditar que os cidadãos profundamente religiosos, em especial os evangélicos, vivenciam essa exigência de forma mais intensa, já que defendem pontos de vista (racionais) cuja adoção pelos outros, segundo acreditam, seria muito melhor para estes. Às vezes também acreditam que algumas práticas são tão más para quem as adota que seria melhor impedir que alguém as adotasse. Mas as suas razões para sustentar esses pontos de vista não são de fácil entendimento por quem não tem a mesma fé religiosa. Assim, por exemplo, alguns cidadãos religiosos acreditam, com base nas escrituras, que as práticas homossexuais são profundamente erradas e profundamente prejudiciais a quem as adota. Se não tenho a mesma atitude que eles diante da autoridade das escrituras, não posso aceitá-las como base para considerar as práticas homossexuais moralmente prejudiciais. Quando usam essa crença como justificativa para leis que proíbem as práticas homossexuais ou restringem a casais heterossexuais os bens sociais ligados ao casamento, eles violam, portanto, a norma da reciprocidade.

Assim, as duas objeções são as seguintes. Primeiro, é errado se abster de utilizar as crenças morais mais básicas como justificativa de medidas políticas. Por uma questão de integridade pessoal, todos deveriam utilizar todos os recursos ao seu dispor, inclusive aquilo que acreditam sinceramente ser verdadeiro. Depois, embora em princípio não haja nada errado em exercer a abstenção na ação política, é errado *pedir* que se aja assim, porque é simplesmente exigir demais; a maioria de nós, na maior parte do tempo, é incapaz, na realidade psicológica, de dividir as moralidades "pessoal" e "política" da maneira prevista pela norma da reciprocidade.

Não acho que nenhuma dessas objeções consiga desbancar a norma. Vejamos a primeira. Parece certo que todos devam agir na vida pessoal com base no que acreditam ser verdade quanto à moralidade. Entretanto, assim que os outros se tornam objeto de interesse, há limites à extensão do uso dessa verdade. Isso se deve a sermos muito mal informados sobre os detalhes da vida dos outros, de modo que é dificílimo aplicar os nossos valores morais de maneira a produzir bons juízos, e também porque o respeito à condição de agente moral dos outros exige que lhes demos espaço para que julguem o que é bom e como tentar obtê-lo. Quando vemos outro adulto agir de um modo que achamos que vai prejudicá-lo, mas só a ele, é correto usar a persuasão moral, e pode ser correto julgá-lo transgressor e permitir que isso influencie o nosso comportamento para com ele, mas muitas

Sobre educação

vezes não é correto sequer manipulá-lo, muito menos impedi-lo à força de agir daquela maneira. A norma da reciprocidade amplia essa noção para o uso do poder estatal, mas de forma moderada.

Embora na vida pessoal seja comum nos abstermos totalmente de coagir para o seu próprio bem outros adultos em geral competentes, mesmo quando podemos lhes explicar as razões para agirem de forma diferente em termos que possam aceitar de imediato, a norma da reciprocidade permite que o poder político seja usado quando cumpridas essas condições. Respeitar a ação moral dos outros traz algumas restrições a nossa justificativa para coagi-los, e essas restrições incluem nos distanciarmos um pouco da nossa visão pessoal de mundo.

A resposta à primeira objeção indica o modo de lidar com a segunda. Na verdade, a norma não é exigente demais, pelo menos para os mais racionais, porque podem entender prontamente que não têm poder sobre o modo de vida dos outros. Podem entender que estão submetidos à exigência de respeitar a agência moral dos outros e podem se esforçar para se envolver adequadamente na política. Isso não significa dizer que sempre terão sucesso. Nem todos vivem sempre de acordo com os ideais que têm para si. Se vivessem, provavelmente isso seria sinal da fraqueza dos ideais e não da excelência do seu caráter moral. Mas, na minha opinião, não é condenatória a afirmativa de que, caso o ideal seja suficientemente exigente, às vezes a maioria não conseguirá atingi-lo.

Embora eu rejeite essas objeções à norma da reciprocidade, a segunda pode ser muito instrutiva. Os críticos à norma costumam ressaltar a comunidade cristã evangélica dos Estados Unidos como exemplo de comunidade para a qual ela é excessivamente exigente. Como deixarei claro nos Capítulos Cinco e Sete, não acho isso óbvio. Mesmo que fosse verdade, não acho que sirva de prova de que a norma, *em geral*, é exigente demais. Mas o instrutivo nessa objeção é que o nível de exigência da norma para determinada pessoa dependerá de uma série de fatores institucionais. Por exemplo, quando a esfera do discurso público sobre política for estruturada para provocar um envolvimento racional no que diz respeito à razão pública, será mais fácil a quase todo mundo obedecer à norma do que quando for criada apenas para facilitar que os políticos reúnam os fiéis. Se os comerciais televisivos de trinta segundos forem o principal mecanismo de comunicação política, mantendo iguais os outros fatores, é menos provável que reine a racionalidade do que se os políticos forem pressionados a participar de debates extensos entre si e com outros interessados. Do mesmo modo, um sistema em que os jornalistas aceitam rotineiramente as declarações dos políticos que entrevistam tem menos probabilidade de facilitar o raciocínio do público do que aquele em que os jornalistas são bem informados e abordam os entrevistados como iguais.

Num sistema que facilita a *irracionalidade* pública, certo eleitorado manifestá-la não é boa prova de que a norma da reciprocidade é exigente demais. Nos Estados Unidos, os cristãos evangélicos sabem que não poderão esperar reciprocidade, se modificarem as suas metas da maneira exigida pela norma da reciprocidade. Também sabem que, mesmo que tentem cooperar e negociar com alguns liberais seculares, outros liberais seculares podem recorrer a processos judiciais para solapar qualquer negociação. E, como todos os outros agentes políticos, eles sabem que, quando a legislação transgride a Constituição, os elementos inconstitucionais acabarão descartados. Caso os meus comentários até agora pareçam unilateralmente críticos aos cristãos, devo acrescentar que a propensão de entidades como Americans United for the Separation of Church and State [Americanos Unidos pela Separação entre Igreja e Estado] e People for the American Way [Pessoas pelo Estilo de Vida Americano] a recorrer à lei para impedir, por exemplo, que atletas estudantis rezem durante os jogos escolares tem motivação semelhante e demonstra irracionalidade similar. O sistema cria

Sobre educação

incentivos para fazer exigências máximas e irracionais e, assim, desestimula a virtude da racionalidade.

Como a escola poderia facilitar para que a criança desenvolvesse as características da boa cidadania? Examinarei essa questão com mais detalhes no Capítulo Sete, mas quero mencionar aqui três questões que exigem atenção.

Primeiro, vale enfatizar mais uma vez que a escola é limitada na capacidade de compensar as falhas do sistema político e da cultura política. Um sistema político que recompense a criminalidade ou a irracionalidade dificultará que as escolas estimulem a obediência à lei e a boa vontade de ser publicamente racional. Mesmo num sistema político razoavelmente bem estruturado, pode ser difícil inculcar a tendência a obedecer às normas da razão pública.

Em segundo lugar, o *éthos* e a composição da escola podem ser tão importantes quanto o currículo formal. Pode ser que, mesmo sem muita educação formal ligada à boa cidadania, os indivíduos achem mais fácil obedecer à lei, caso se espere que exerçam bastante autodisciplina no principal ambiente não familiar no qual foram criados. Podem achar mais fácil entender e se identificar com o pensamento de outros que venham de ambientes culturais, sociais ou étnicos diferentes se, quando crianças e adolescentes, passaram bom tempo se socializando com pessoas assim num cenário controlado.

Finalmente, a posição da criança na escola lembra, de modo interessante, a posição do cidadão no âmbito do Estado. A escola causa grande impacto sobre a configuração da vida da criança, pelo menos enquanto estiver em idade escolar, e geralmente também o faz em grau considerável mais tarde. A escola também é obrigatória; seja qual for o estabelecimento de ensino, a criança não está ali porque o escolheu dentre vários, mas porque alguém a obrigou a isso. O modo como a escola é administrada e o modo como a criança vê o seu papel nela podem influenciar as características desenvolvidas. Não estou sugerindo de modo enfático que a escola deveria ser internamente democrática; crianças são crianças, e é adequado que os adultos exerçam sobre elas certo poder paternalista. Mas talvez seja importante considerar a escola como criada para o benefício de todos os que a habitam. Por exemplo, pode ser importante que os professores exibam certo grau de coleguismo e solidariedade e que eles e os diretores tratem com respeito os funcionários não docentes, além de tratar as crianças com dignidade e respeito semelhantes.

Segunda Parte
Questões políticas controvertidas

5
O governo deveria sustentar
escolas religiosas?

Os Estados Unidos e o Reino Unido estão em polos quase opostos em relação à postura do Estado diante da escola religiosa. Em ambos os países, as escolas religiosas são legalizadas. Mas, desde a década de 1950, as escolas públicas norte-americanas são exclusivamente seculares, e não é admissível que promovam nenhum tipo de crença religiosa, patrocinem orações nem ensinem textos religiosos que não sejam documentos históricos ou literários. É comum os norte-americanos se chocarem quando descobrem que, no Reino Unido, o Estado colabora com organizações religiosas na administração dos estabelecimentos de ensino que financia. Em muitas regiões da Grã-Bretanha, a maioria das escolas primárias financiadas pelo Estado prega a religião (anglicana ou católica), e na imensa maioria delas há pelo menos uma escola secundária anglicana e uma católica. Algumas cidades têm escolas públicas judaicas e, nos últimos anos, abriram-se hinduístas, siques e muçulmanas.

Ao mesmo tempo, cerca de 7% a 8% das crianças norte-americanas frequentam escolas religiosas particulares sujeitas a uma regulamentação pouco rigorosa. Nos Estados Unidos, essas escolas podem ensinar aos alunos doutrinas religiosas sem serem muito restringidas pela exigência de servir a propósitos seculares. Tais propósitos podem incluir facilitar a autonomia das crianças, por exemplo, ao lhes ensinar uma grande variedade de pontos de vista alternativos e assegurar que entendam que não têm obrigação de pertencer àquela religião. As escolas religiosas do Reino Unido, públicas ou particulares, são restringidas pelo currículo nacional, que especifica os propósitos seculares com detalhes consideráveis.

Em ambos os países, houve passos recentes para aumentar o apoio estatal às escolas religiosas. Na Grã-Bretanha, a Lei da Educação de 2002 facilitou a expansão dessas escolas, principalmente as secundárias, e personagens importantes de ambos os principais partidos políticos pediram constantemente essa expansão. Os movimentos norte-americanos por opção escolar e auxílio financeiro escolar tiveram sucesso considerável, e o governo passou a pagar diretamente para que crianças de baixa renda frequentem escolas religiosas em Milwaukee, em Cleveland, na cidade de Washington e em toda a Flórida.

Em ambos os países, essas mudanças sofreram oposição feroz. As três principais acusações são de que as escolas religiosas solapam a autonomia pessoal, promovem a divisão social e não cumprem a tarefa de produzir cidadãos democráticos. Supostamente, essas escolas solapam a autonomia ao doutrinar a criança na religião que pregam. Isso é ainda mais grave nos casos em que a religião da escola coincide com a do lar da criança, o que normalmente acontece, já que em nenhum país a criança é mandada para escolas religiosas contra a vontade dos pais. Até aquelas com uma abordagem ecumênica da educação religiosa e que informam todas as crianças sobre o ambiente religioso umas das outras estão fadadas a privilegiar a doutrina que as patrocina: não fosse assim, de que adiantaria ser uma escola *religiosa*? Essas escolas promovem a divisão social por serem intrinsecamente divisivas, já que crianças de ambientes religiosos diferentes têm menos probabilidade de se misturar na escola. E, prossegue a

Sobre educação

acusação, elas também não cumprem bem a tarefa de promover o tipo de consciência pública essencial para que os cidadãos contribuam com a sua parte para a manutenção de um regime político justo. Elas estimulam as crianças a se identificarem de forma sectária e não com o coletivo maior dos concidadãos. No Reino Unido, os críticos da escola religiosa recomendam a adoção do modelo norte-americano de separação entre igreja e Estado. Assim, o filósofo Anthony C. Grayling diz que:

A sociedade deveria ser cega à religião, tanto no sentido de deixar os indivíduos acreditarem e se comportarem como quiserem, desde que não prejudiquem os outros, quanto no sentido de agir como se as religiões não existissem, tendo os assuntos públicos caráter secular. A constituição norte-americana determina isso, embora o *lobby* religioso sempre tente desrespeitá-la – enquanto a política de George W. Bush de conceder recursos públicos para "iniciativas baseadas na fé" realmente o faz. Na Grã-Bretanha, secularizar a sociedade faria cessar o financiamento governamental de escolas de igrejas e de entidades e atividades "baseadas na fé", assim como a programação religiosa das emissoras públicas.[1]

Nos Estados Unidos, os adversários do auxílio financeiro para escolas religiosas também recorrem à separação entre Igreja e Estado. Frequentemente, porém, também recorrem à integridade das escolas religiosas que, pelo que dizem, seria comprometida pela regulamentação e intrusão do governo que, inevitavelmente, viriam com os recursos (como aconteceu no Reino Unido). Sandra Feldman, presidente do segundo maior sindicato de professores dos Estados Unidos, exprime a objeção da seguinte maneira:

---

1 Grayling, Keep God out of Public Affairs, *Observer*, 12 ago. 2001.

Para as escolas religiosas, a obrigação de prestar contas e o escrutínio público levantam questões de liberdade religiosa; para elas, a impregnação profunda da religião no currículo e nas aulas é essencial, assim como a liberdade de exigir que as crianças frequentem cultos religiosos. Elas não querem a interferência do Estado em nada disso. Mas a obrigação de prestar contas ao público mais amplo tem de andar junto com os recursos públicos.[2]

Se fossem verdadeiras as acusações de que as escolas religiosas se posicionam contra a autonomia das crianças e tendem a fazer delas maus cidadãos, o governo não deveria, sem dúvida, adotar a postura separacionista e se recusar a ter qualquer coisa a ver com elas? Dada a ênfase que dei na Primeira Parte deste livro à concepção secular de autonomia, de racionalidade na deliberação pública e, acima de tudo, de *florescimento*, o leitor (principalmente o crente religioso, agora já bastante irritado) talvez espere que a minha resposta seja "sim". Mas, na verdade, é "não", e este capítulo se dedica a explicar por quê.

Não pressuponho de jeito nenhum que as escolas religiosas se posicionam contra a autonomia nem que tendem a criar maus cidadãos (entendendo-se bons cidadãos nos termos ideais estabelecidos no Capítulo Quatro). Muitas fazem um ótimo trabalho em ambos os casos e outras prestam um serviço melhor do que muitas escolas públicas não religiosas. Mas, para os meus propósitos, contestar as acusações é menos interessante do que contestar a sua *capacidade de decidir* o debate em questão. Na Primeira Parte deste livro, expliquei e defendi uma série de princípios que deveriam guiar a escola, entre eles os da autonomia e o da cidadania justa. Contudo, esses princípios não deveriam guiar apenas a escola. Deveriam guiar a política geral de educação de crianças que ocorre no espaço público. Portanto, a sociedade

---

2 Feldman, A Commentary on Public Education and Other Critical Issues, *The New York Times*, 3 out. 1999 (anúncio).

Sobre educação

deveria agir para otimizar a probabilidade de as crianças se tornarem capazes de autonomia e agirem como bons cidadãos.

Em outras palavras, não deveria abordar a regulamentação e o oferecimento de escolaridade com a meta de que cada escola implemente ao máximo esses princípios, mas com a meta de que cada aluno goze dos benefícios que os princípios tentam promover. Esses princípios, dependendo do contexto político, social e cultural, podem ser mais bem implementados dando-se espaço e até apoio às escolas religiosas.

Nesse debate, a "separação entre igreja e Estado" é uma cortina de fumaça infeliz. A primeira razão é que, simplesmente, ela não exclui o financiamento público de escolas religiosas; na verdade, não exclui sequer o financiamento público das *igrejas*. A cláusula pertinente da Primeira Emenda à Constituição dos Estados Unidos afirma que "o Congresso não fará leis relativas ao estabelecimento da religião". É claro que o significado disso no contexto da lei viva depende de como for interpretado por cinco integrantes da Suprema Corte norte-americana.[3] Mas a melhor maneira de entender o princípio é que ele visa a assegurar que o Estado não crie nem favoreça deliberadamente e de nenhum modo um ponto de vista religioso específico. Supõe-se que o Estado tenha propósitos seculares e não religiosos e que busque cumprir apenas esses propósitos. Se for melhor cumpri-los em cooperação com organizações religiosas, não há descumprimento do princípio, desde que o Estado não favoreça indevidamente essas organizações. Se o Estado só financiasse as escolas católicas por considerar que somente elas ensinariam a verdadeira religião, isso seria claramente uma violação do princípio. No entanto, se o financiamento das escolas é condicionado apenas pelo êxito no cumprimento de metas educacionais seculares compatíveis com

---

3 Declaro não ser especialista em conhecimentos constitucionais. Mas parece sensato esperar que o raciocínio moral rigoroso configure a interpretação constitucional.

vários pontos de vista religiosos, não há violação. Por exemplo, o esquema dos auxílios financeiros de Milwaukee beneficia as escolas independente de sua afiliação religiosa, contanto que cumpram a regulamentação do programa (cuja justificativa é secular). Ao contrário do que Grayling insinua, isso não viola o princípio, nem outras iniciativas baseadas na fé que consistem unicamente em criar parcerias com entidades religiosas para a promoção de metas políticas com justificativa secular.

A segunda razão para a "separação entre Igreja e Estado" ser uma cortina de fumaça é que, em si, ela não é uma questão fundamental de princípios. Vários princípios mais profundos a sustentam, entre eles a desejabilidade de que, em questões religiosas, os indivíduos sejam capazes de raciocinar e agir com base no seu próprio juízo. Ao interpretar o separacionismo de maneira estrita e implausível, Feldman e Grayling exigem a sua implementação mesmo à custa da possibilidade de desenvolver a autonomia pessoal. Pensemos um instante no comentário de Sandra Feldman. Ela destaca o interesse das escolas religiosas de evitar a regulamentação e o escrutínio público. Mas, sem isso, algumas crianças que frequentam escolas religiosas têm menos probabilidade de se tornarem autônomas, porque algumas frequentarão escolas que inibem a sua autonomia. Alguns secularistas veem isso como um sacrifício válido em nome de manter a pura separação.

Mais crianças podem ter mais probabilidade de se tornar cidadãos justos e autônomos num regime em que o separacionismo estrito se mantém. E o número importa. É plausível pensar que nenhuma política obterá abrangência total de modo a desenvolver a capacidade de todas as crianças; assim, é correto visar a uma política que ofereça boa possibilidade a um grande número delas. Mas vou explicar por que uma política mais frouxa que permita algum financiamento estatal de escolas religiosas pode promover melhor esses valores do que a política de não financiá-las. A maior parte do restante deste capítulo se dedica a essa explicação.

Sobre educação

No trecho que citei, Anthony C. Grayling fala da secularização da sociedade britânica. A visão que ele tem de secularização é de uma sociedade "cega à religião [...] no sentido de agir como se as religiões não existissem, tendo os assuntos públicos caráter secular". Discordo dele a respeito do sentido em que a sociedade deveria ser secularizada. Não há nada indesejável em exprimir e discutir pontos de vista religiosos sobre questões públicas. O indesejável é que esses e outros pontos de vista sejam apresentados e avaliados de forma desprezível e sectária. A sociedade secular não seria aquela em que a religião estivesse ausente da esfera pública, mas aquela em que as clivagens religiosas não coincidissem com as do debate público e em que os pontos de vista religiosos e não religiosos fossem apresentados e avaliados num espírito de respeito mútuo, como recomenda a norma da reciprocidade apresentada no Capítulo Quatro.

Ao contrário da recomendação de Grayling do modelo norte--americano de secularização, muitos visitantes norte-americanos seculares se espantam com duas características da cultura pública do Reino Unido. A primeira é a discussão e o debate francos sobre questões religiosas. Alguns políticos são abertamente ateus, ao passo que outros parecem crentes genuínos: poucos fazem invocações insinceras e rituais a Deus e à Bíblia. Personagens públicos abertamente ateus e declaradamente religiosos discutem questões de religião como se tivessem importância real. A segunda é o fato de que, em qualquer questão pública dada, se encontram em todos os lados vários pontos de vista religiosos e não religiosos. A racionalidade pública dos crentes religiosos é especialmente digna de nota, ao contrário do que acontece nos Estados Unidos, onde, embora a religião seja tratada pela cultura pública como questão puramente privada, é absolutamente inaceitável que um político se declare ateu. Nesse país, as fronteiras entre a cultura dominante e a religiosa são traçadas com nitidez, em detrimento dos habitantes de ambas, e as clivagens religiosas são, politicamente, muito mais pertinentes do que no Reino Unido. Embora em geral o Estado se abstenha de dar apoio direto a entidades religiosas, a sociedade como um todo é menos secular do que na Grã-Bretanha.

Por que essa observação é relevante para o debate sobre a escola? Eis aqui uma conjetura sobre os mecanismos que reforçam o sectarismo religioso nos Estados Unidos. Nesse país, os pais devem optar entre a escola pública secular e a escola particular religiosa. O Estado exerce controle mínimo sobre as particulares, e as particulares religiosas têm dois mercados: os religiosos sectários, que mandariam os filhos para lá mesmo que houvesse escolas públicas religiosas, e os religiosos moderados, que escolheriam escolas públicas religiosas, caso existissem. Pensemos nas opções da seguinte maneira: a escola pública oferece ensino sem dimensão espiritual enquanto a sectária oferece ensino sem dimensão secular. Os religiosos moderados buscam ensino com dimensão espiritual e secular, mas costumam encontrar opções polarizadas. Quando a opção é entre o ensino público e o sectário, alguns religiosos moderados matricularão os filhos nas escolas influenciadas por sectários e não nas influenciadas por secularistas.

Como as escolas públicas não servem aos pais religiosos, estes tendem mais a se inclinar para as escolas sectárias do que o fariam em outras circunstâncias. Consideremos o caso Mozert contra Hawkins de 1987, no Tennessee.[4] O casal Mozert fez objeção a um programa de educação cívica de nível primário das escolas públicas do condado de Hawkins que usava material didático no qual meninos apareciam fazendo torradas para meninas, violando os papéis sexuais que o casal considerava determinados por Deus; que citava a especulação de Anne Frank (falsa, de acordo com o casal) de que a crença religiosa não ortodoxa era melhor do que nenhuma crença; e que mencionava (de forma neutra, não aprovadora) bruxas e magia. O distrito

---

4 Há um relato completo do caso em Bates, *Battleground*.

Sobre educação

escolar recusou o pedido dos pais de isentar os filhos do currículo e obteve parecer favorável dos tribunais. Os secularistas declararam vitória.

Agora, consideremos as consequências reais do caso. Primeiro, com medo de que autoridades escolares do país inteiro recusassem os seus livros didáticos então controvertidos, a editora removeu das edições seguintes os trechos citados. Além disso, os pais tiraram os filhos da escola do distrito e os puseram num estabelecimento autônomo que ensinava valores fundamentalistas e que só era frequentado por filhos de fundamentalistas. Isso resultou na redução do contato entre essas crianças e o mundo secular que poderia influenciá-las e que, por sua vez, poderiam ser influenciados por elas. Suspeito que, se o Estado agisse como ocorre na Grã-Bretanha, cooperando com as autoridades religiosas no oferecimento de escolas, mas influenciando-as intensamente, o mercado de escolas sectárias se reduziria. Nesse caso, os sectários, em vez de influenciarem os filhos dos moderados, teriam os filhos submetidos à influência dos moderados e da cultura dominante.

Os empresários religiosos sectários dos Estados Unidos podem retratar o Estado como inimigo da religião. Entre cristãos evangélicos e fundamentalistas, abundam histórias sobre bíblias proibidas em sala de aula; sobre grupos de oração perseguidos por autoridades escolares; sobre pastores e pais religiosos excluídos das atividades da organização de pais e mestres. Em cada história dessas que conheço e que contém um grão de verdade, os tribunais acabaram decidindo a favor da liberdade religiosa compreendida de forma apropriada – isto é, decidiram contra as autoridades escolares. Mas o grão de verdade basta para os empresários sectários. É difícil encontrar informações independentes, e a comunidade fundamentalista não as procura de forma muito minuciosa. E o entendimento tão estrito quanto irracional que alguns secularistas têm das consequências da separação entre igreja e Estado contribui para a alienação das comunidades religiosas em relação à cultura pública dominante, e vem daí a pertinência da clivagem religiosa para a discordância pública.

A conjetura é apenas esta: que, sendo iguais os outros fatores, o sistema em que o Estado colabora com entidades religiosas para oferecer instituições de ensino tem mais probabilidade de produzir escolas e uma cultura que facilitem a autonomia do que um sistema em que o Estado se recusa a colaborar com as entidades religiosas, mas permite que tenham as suas próprias escolas independentes. Trata-se apenas de uma conjetura; como indiquei, não sei comprová-la nem refutá-la. No entanto, os adversários do apoio às escolas religiosas deveriam levá-la mais a sério do que levam.

Observemos que várias coisas acontecem na história que contei. A escola é local de disputas entre separacionistas e crentes profundamente religiosos. A resistência dos separacionistas a apoiar escolas com um aspecto espiritual assegura que os pais que as queiram para os filhos tenham de procurá-las fora do sistema escolar público, onde estão livres da influência secular sobre o ensino oferecido. Assim, a sua identidade de crentes religiosos (e talvez a sua alienação) se reforça em vez de ser questionada. Os empresários religiosos podem forjar eleitorados políticos com mais facilidade, e desse modo a sociedade se torna menos e não mais secular. Ao contrário, no caso britânico, em que esses empresários conseguem espaço dentro do sistema de ensino estatal, a escola é um local de negociação e envolvimento entre os profundamente religiosos e os não religiosos. Por meio de processos de administração conjunta de escolas, forja-se certo grau de entendimento mútuo, predizendo-se certo grau de influência mútua. Os verdadeiros *sectários* religiosos, que buscam escolas sem dimensão secular, as têm; mas sairão do sistema público, e não haverá necessidade de que os moderados profundamente religiosos se unam a eles.

Já delineei o modo como o separacionismo estrito permite aos empreendedores religiosos promover um sentimento de

Sobre educação

alienação entre os cristãos evangélicos e fundamentalistas e o sistema de ensino público, tarefa que ficaria muito mais difícil com um regime de financiamento público das escolas religiosas. Mas se a minha conjetura sobre o caso norte-americano é verdadeira ou não depende da motivação dos pais e do caráter das escolas públicas nos Estados Unidos. Se a vasta maioria dos pais que mandam os filhos para escolas religiosas é de sectários verdadeiros, cuja única prioridade é garantir que os filhos compartilhem da sua visão de mundo e das suas opiniões religiosas, então não adiantará disponibilizar ensino público com dimensão espiritual e secular. Se as escolas públicas já são locais onde a autonomia e o caráter deliberativo são facilitados, pode haver um risco significativo de se prejudicar esse caráter ao se estimular as autoridades públicas a cooperar com entidades religiosas na administração de escolas.

Mas não há razão para acreditar em nada disso. Na verdade, a minha suspeita é de que as mesmas características das escolas públicas norte-americanas que deixam pouco à vontade os secularistas podem ser as que afastam delas os pais religiosos. Nos Estados Unidos, a escola secundária pública típica, urbana ou suburbana, tem pouco em comum com a ideia liberal de escola comum que facilite a autonomia e a cidadania. É uma instituição com mais de 2 mil alunos na qual nenhum indivíduo conhece todos os outros, muitas crianças nunca têm o mesmo professor durante mais de um ano de instrução, e os valores predominantes incluem concentração da torcida para eventos esportivos escolares e uma lealdade conformista e servil à escola e ao bairro.[5] Essas escolas mantêm um silêncio ensurdecedor sobre os valores espirituais ou antimaterialistas, tomam posição em disputas de marcas comerciais e aceitam sem contestação

---

5 Na verdade, o tamanho médio das escolas secundárias norte-americanas é de aproximadamente 650 alunos, mas a maioria dos alunos frequenta escolas muito maiores.

a predominância destas marcas e do *marketing* adolescente. Muitas vezes, e com razão, os pais religiosos acreditam que as suas crenças, na melhor das hipóteses, são ignoradas e, na pior, ativamente combatidas pelas escolas. Desde 11 de setembro de 2001, incontáveis distritos escolares impuseram um recitativo matutino do juramento de lealdade à bandeira, numa afirmação ritual de patriotismo como compromisso quase religioso. O pai liberal sensato pode não se entusiasmar muito com a frequência de qualquer criança a tais escolas, menos ainda de seus filhos. É claro que há alternativas melhores no setor público, mas poucos distritos e diretores escolares mostram sinais de inclinação ou capacidade de promovê-las.

Suponho que, nos Estados Unidos, muitos pais são atraídos para a escola religiosa particular não por terem interesse em ver o filho doutrinado, mas pelo horror à experiência da escola secundária que mais parece um *shopping center* e, na verdade, pela sensação inarticulada de que os valores do grupo de colegas, tolerados pela escola, ameaçam, em vez de promover, a possibilidade de autonomia dos filhos. Se assim é, sinto por eles considerável solidariedade. Contudo, os cristãos fundamentalistas conseguiram desenvolver nos Estados Unidos uma contracultura que inclui todo um mundo paralelo de *rock*, vídeos infantis e revistas para adolescentes. Margaret Talbot descreve essas publicações: "Há revistas para cada nicho demográfico, como *Hopscotch* e *Boy's Quest* para garotos de 6 a 13 anos, que prometem: 'Nada de temas adolescentes, nada de namorados, namoradas, maquiagem, moda ou violência e *nenhum anúncio*'". Os pais religiosos temem que as escolas que não incorporem fortes valores morais e que tratem a espiritualidade como apenas mais uma opção de estilo de vida, que pode nem ser apresentada às crianças por crentes sinceros, ponham em risco a possibilidade de eles e os filhos levarem uma vida equilibrada e satisfatória.

Eis dois exemplos. O primeiro vem da minha experiência de pai. Pouco depois de começar a frequentar a escola primária local, a minha filha mais velha trouxe para casa uma revista gratuita chamada *Sports Illustrated for Kids*. Compunha-se de 32 páginas lustrosas com fotos coloridas de heróis desportivos norte-americanos contemporâneos, com um pequeno texto em cada página sobre como esses personagens eram corajosos, esforçados e admiráveis. A personalidade da capa, à qual se dedicava mais espaço, era Kobe Bryant, jogador de basquete que naquela época era, de forma bastante pública, acusado de estupro. A sua defesa fora de que a relação sexual, ocorrida num quarto de hotel com uma mulher que ele disse não conhecer, fora consensual. Esse comportamento contradizia a cuidadosamente construída imagem pública de fiel homem de família que ele projetava de si mesmo. Enquanto escrevo isso, a esposa está se divorciando dele. O caso não deve prejudicar muito o sr. Bryant (imagino que, no seu círculo, esse seja um comportamento corriqueiro), mas os editores da *Sports Illustrated for Kids* e a professora que deu a revista aos alunos são cúmplices ao promover certo tipo de valor – especificamente, a adoração de celebridades – que nenhum pai gostaria de endossar. Considero que a infração resulta de uma professora que recebe material gratuito e não tem tempo suficiente para examiná-lo. Mas eu entenderia o pai profundamente religioso cuja reação fosse o medo de que a escola inculcasse, deliberadamente ou por negligência, valores morais errados. No clima carregado das guerras culturais norte-americanas, esses temores podem ser interpretados como exigências de permissão para doutrinar os filhos, e talvez até o sejam. Uma política mais flexível talvez acalmasse o ambiente e levasse a exigências menos sectárias.

O segundo exemplo (ainda bem) não é pessoal. De acordo com o *site* na internet da Primedia, proprietária do Channel One, esse canal é exibido diariamente a 8 milhões de adolescentes em escolas públicas (estatais) norte-americanas. Os estabelecimentos em questão recebem aparelho de televisão e vídeo de última geração em troca de garantir que todos os alunos assistam a um programa de notícias diário de doze minutos. O Channel One paga o equipamento – e lucra – vendendo a anunciantes dois minutos do noticiário. O conteúdo *jornalístico* é totalmente respeitável em relação às normas predominantes do jornalismo televisivo, mas os anúncios são de *junk food*, roupas, filmes, música e outros produtos voltados a adolescentes. Não são raras as exibições promocionais de trechos picantes de filmes com temas adultos. E todos os estudos acadêmicos do efeito de assistir ao Channel One mostram que as crianças esquecem o conteúdo noticioso e retêm as informações comerciais. Mais uma vez, do meu ponto de vista secular e esquerdista, parece que os administradores que forçam os alunos a assistir a anúncios, em sua maioria, não têm má intenção. Eles entendem erradamente, de um modo profundo, o propósito da escola e avaliam de forma incorreta as crianças sob os seus cuidados, mas não tentam promover ativamente valores materialistas e consumistas.[6] No entanto, posso entender por que pais profundamente religiosos, já alienados da cultura dominante e da vida da escola pública, interpretam essas ações de forma diferente. Esses exemplos apenas tocam a superfície do quanto muitas escolas públicas estão imbuídas dos valores materialistas da cultura de consumo.

A conclusão é que, para a Grã-Bretanha, não seria muito inteligente seguir o exemplo dos Estados Unidos. Mas uma questão candente no Reino Unido é que, recentemente, o governo começou a financiar escolas hinduístas, siques e muçulmanas, as mais controvertidas. Muitos ataques se voltam contra as escolas muçulmanas porque o islamismo é uma religião supostamente muito mais sexista do que a sociedade britânica dominante, de modo que seria de se esperar que essas

---

6 Não quero simplesmente livrá-los; na verdade, eles cometem um erro grave. No entanto, duvido que a maioria cometa o erro que os crentes religiosos, embora enganados, pudessem justificadamente lhes atribuir. Expliquei exatamente por que estão errados em Channel One, the Anti-Commercial Principle, and the Discontinuous Ethos, *Educational Policy*, v.19, n.3.

Sobre educação

escolas reduzissem as oportunidades das alunas. Acho que o pressuposto subjacente está aberto a questionamentos, em parte por se basear num entendimento muito grosseiro do islamismo e em parte por adotar um ponto de vista injustificadamente otimista sobre o cristianismo e a cultura dominante. Mas não há necessidade de questionar o pressuposto para defender o financiamento de algumas escolas muçulmanas. Mesmo que o pressuposto fosse verdadeiro, simplesmente não se conclui daí que a educação das meninas islâmicas será pior se o Estado financiar algumas escolas muçulmanas. O fato de as meninas receberem educação pior dependerá de quais estabelecimentos de ensino elas *teriam* de frequentar, caso o Estado não financiasse escolas muçulmanas, e do modo como estas reagem ao financiamento. Se as alunas tivessem de frequentar escolas muçulmanas particulares que não tivessem nenhuma razão para negociar com a cultura dominante e sua expectativa educacional, a situação delas não seria pior nas escolas muçulmanas financiadas. E o Estado tem a mesma responsabilidade pelo seu bem-estar, seja qual for a escola que frequentem. Ele e os contribuintes não podem dizer: "Estamos envolvidos quando financiamos as escolas, mas ficamos de fora quando meramente as permitirmos." O Estado age mais errado quando negligencia as crianças do que quando lhes dá atenção.

Uma das grandes diferenças entre as escolas religiosas financiadas pelo Estado no Reino Unido e aquelas do sistema de auxílio financeiro escolar de Milwaukee é o grau de controle que têm sobre os alunos a serem matriculados. Neste ponto, o modelo norte-americano provavelmente é superior. No Reino Unido, as escolas religiosas financiadas mantêm o direito de preferir alunos que sejam criados na religião que patrocina a escola; algumas chegam a exigir certificados do vigário ou padre local que comprovem que os pais frequentam a igreja. Por sua vez, no esquema de Milwaukee as escolas com excesso de candidatos têm de escolher por sorteio os alunos que recebem auxílio financeiro; elas não podem dar preferência a correligionários. As escolas religiosas britânicas facilitariam mais a autonomia e o caráter deliberativo se também fossem proibidas de discriminar a favor de correligionários.

Como isso ajudaria a facilitar a autonomia e o caráter democrático? Se não pudessem escolher com base na religião familiar dos alunos, as escolas de base religiosa teriam uma população estudantil mais diversificada. E como a principal maneira de as crianças aprenderem a articulação dos modos de vida recomendados por outras religiões é por meio da observação da vida dos colegas, isso dará às que frequentam escolas religiosas mais oportunidade de se tornarem autônomas. Uma segunda razão, porém, é que também dará às crianças fora das escolas religiosas mais oportunidade de se tornarem autônomas. Ao contrário do temor tantas vezes declarado de que as escolas religiosas solapem a oportunidade de autonomia das crianças que as frequentam, temo que solapem a oportunidade de autonomia *das que não as frequentam*. As crianças de lares seculares não podem se tornar autônomas sem avaliar o que está envolvido na vida religiosa, e isso é algo que, como sei muito bem, os pais não podem lhes dar. Elas precisam de filhos de lares religiosos na escola e na sala de aula, o que é mais provável quando essas crianças não ficam isoladas nas escolas religiosas. Se estas não puderem escolher com base na fé da família e algumas crianças de famílias ateias as frequentarem, mais alunos religiosos frequentarão escolas seculares. Creio que considerações semelhantes indicam que a política de financiamento pode facilitar o caráter democrático.

Essa medida viola o direito dos pais de mandar os filhos para escolas que reflitam o seu compromisso religioso? Violaria, se eles tivessem esse direito, mas não têm. Os pais católicos podem sentir que as escolas católicas são "deles". Mas, na verdade, elas são recursos públicos cujo propósito é contribuir para um sistema de educação público e justo. Suponhamos que um pai ateu escolha mandar o filho para uma escola católica para que

Sobre educação

ele tenha uma compreensão adequada de uma das principais religiões do mundo e mais oportunidade de se tornar autônomo. É difícil ver que razão o Estado teria para permitir que uma criança cujos pais querem simplesmente que seja uma boa católica fosse preferida a essa criança de pais ateus.

Afirmei que o Reino Unido não deveria seguir o modelo norte-americano em que o governo só oferece escolas seculares. E os Estados Unidos? Deveriam emular o modelo incorporado ao sistema escolar do Reino Unido (e também amplamente usado no resto da Europa)? O argumento deste capítulo é de que não há razão baseada em *princípios* para que não o façam, e que fazê-lo pode gerar melhoras no ambiente cultural geral. Mas, na prática, eles não podem, pelo menos num futuro próximo. As forças políticas favoráveis ao apoio estatal à escola religiosa são ferozmente contrárias ao tipo apropriado de regulamentação. Além disso, as forças políticas que veriam com bons olhos a regulamentação apropriada se opõem ferozmente ao apoio estatal e defendem pontos de vista como os que atribuí a Anthony C. Grayling e Sandra Feldman. Em breve, as escolas financiadas pelo Estado serão predominantemente seculares. Ainda assim, se as autoridades escolares estiverem motivadas pelos valores que defendi na Primeira Parte deste livro, agiriam bem se tentassem interagir com as escolas particulares religiosas da sua região mais do que o fazem atualmente, e também se demonstrassem para com os pais profundamente religiosos a mesma boa vontade que demonstram justa e rotineiramente para com os pais latinos e afro-americanos. Especificamente, a escola que adota a meta de facilitar a autonomia e a cidadania democrática deveria tomar providências para garantir que a população estudantil fosse mista em relação à religião e que o seu *éthos* estimulasse o real envolvimento de crianças provindas de ambientes diferentes. Por conseguinte, embora eu não seja otimista e não ache que o sistema escolar dos Estados Unidos evoluirá para o tipo de sistema mais complexo encontrado em toda a Europa, uma das

93

vantagens de delegar o controle local é permitir a escolas e distritos escolares específicos desenvolverem um *éthos* muito mais inclusivo e multirreligioso.

Essa é a estratégia que sugiro. Ao pensar em financiar ou não escolas religiosas, deveríamos tentar calcular o impacto que o financiamento teria sobre a probabilidade global de as crianças se tornarem pessoas autônomas e bons cidadãos. Mesmo que sistematicamente as escolas religiosas não cumpram essas metas com os seus alunos tão bem quanto as não religiosas, talvez ainda seja verdade que, por causa dos efeitos colaterais do financiamento (e do não financiamento), o sistema em que as escolas religiosas são financiadas cumpra essas metas melhor do que aquele em que não o sejam. Isso é ainda mais provável quando a maioria das crianças em escolas religiosas estaria nelas havendo ou não financiamento.

6
As escolas deveriam ensinar patriotismo?

Na última parte do século XX, recitar o juramento à bandeira nas escolas norte-americanas era um pouco como o "ato diário de oração" das escolas inglesas: caía no esquecimento, a não ser em certos distritos. Mas, depois dos acontecimentos de 11 de setembro de 2001, houve um surto de atividade legislativa em nível estadual e municipal para defender que as escolas públicas deveriam inculcar o patriotismo nos alunos. A exigência de que as crianças recitassem o juramento à bandeira no início de cada dia letivo foi amplamente atendida. No nível secundário, também é comum exigir um "ato diário de culto patriótico", que cada escola pode interpretar a seu modo. Uma das interpretações é exigir o juramento, outra é a leitura de poemas patrióticos e a reprodução de versões do hino nacional no sistema de alto-falantes da escola.

O próprio juramento tem uma história interessante. Foi redigido em 1892 pelo socialista cristão Francis Bellamy para comemorar o quadricentenário da chegada de Colombo à América. A intenção era que as crianças o recitassem nas escolas, criando-se assim o tipo de unidade nacional que Bellamy considerava pré-requisito para uma economia socialista planejada. O juramento só foi adotado pelo Congresso em 1942, quando

95

os Estados Unidos entraram na Segunda Guerra Mundial. As palavras *under God* [sob Deus] só foram introduzidas em 1954, numa medida macarthista para distinguir a democracia norte--americana do comunismo sem Deus.

Na verdade, não se pode exigir que o juramento à bandeira seja recitado. Por lei, as escolas devem permitir que os alunos se recusem a recitá-lo com os colegas. No entanto, principalmente no caso das crianças menores, isso pode ser difícil, e fazê-lo exige apoio dos pais e tolerância do professor. As escolas variam quanto ao estímulo aos alunos para se isentarem. Consideremos a provável diferença entre os seguintes anúncios (ambos colhidos em escolas reais):

- "Agora vamos dizer o juramento à bandeira. Vocês podem se isentar. Agora levantem-se e recitem o juramento!"
- "Agora vamos recitar o juramento à bandeira. Os Estados Unidos valorizam a liberdade, e é direito constitucional de todos se isentar de recitar esse juramento. Agora, os que quiserem recitá-lo, por favor, levantem-se."

Nem sempre os que propõem inculcar o patriotismo se contentam com a defesa de recitações formais. No início da década de 1990, explodiu um debate nacional sobre que padrões deveriam ser exigidos para se ensinar História na escola pública. Um documento, redigido por Gary Nash e outros historiadores importantes e encomendado pelo National Endowment for the Humanities (NEH, entidade que financia projetos em Ciências Humanas), defendia um novo conjunto de padrões de História. No entanto, o documento foi criticado por Lynne Cheney, presidente republicana do NEH, por não dar atenção suficiente às atividades das grandes figuras norte-americanas:

Contar quantas vezes diversos assuntos são mencionados no documento traz resultados reveladores. Um dos temas mais

Sobre educação

mencionados, com dezenove referências, é McCarthy e o macarthismo. A Ku Klux Klan também tem um bom quinhão, com dezessete. Quanto aos indivíduos, Harriet Tubman, afro-americana que ajudou a resgatar escravos na chamada ferrovia clandestina, é mencionada seis vezes. Dois brancos contemporâneos de Tubman, Ulysses S. Grant e Robert E. Lee, recebem respectivamente uma e nenhuma menção. Alexander Graham Bell, Thomas Edison, Albert Einstein, Jonas Salk e os irmãos Wright nunca aparecem.[1]

Por trás da crítica de Cheney está o receio de que o tipo de História recomendada por esses padrões não consiga promover o apego à nação; na verdade, ela teme que faça o inverso:

Os autores tendem a guardar a sua admiração irrestrita para pessoas, lugares e fatos que sejam politicamente corretos. O primeiro período, "Três mundos se encontram [do princípio até 1620]", cobre sociedades nas Américas, na Europa ocidental e na África ocidental que começaram a interagir de forma significativa depois de 1450. Para entender a África ocidental, os alunos são estimulados a "analisar as conquistas e a grandeza da corte de Mansa Musa e os costumes sociais e a riqueza do reino de Mali".

Essa prosa louvatória é rara quando o documento chega à História norte-americana propriamente dita. No contexto dos Estados Unidos, o tipo de riqueza que Mansa Musa controlava não é considerado boa coisa. Quando surge o tema de John D. Rockefeller, os alunos são instruídos a montar um julgamento no qual ele é acusado de "participar consciente e propositadamente de práticas comerciais aéticas e amorais que visavam a corroer tradições de concorrência justa e aberta, para o propósito de engrandecimento pessoal e privado em violação direta do bem-estar comum".[2]

---

1 Cheney, The End of History, *Wall Street Journal*, 20 out. 1994, p.A 22.
2 Ibid.

A reação ponderada de Nash às críticas é interessante e revela que, na questão fundamental de ensinar as crianças a serem patriotas, há muito consenso. Ele diz:

> Na verdade, a discussão é entre duas visões de História patriótica. De um lado estão os que acreditam que os jovens amarão e defenderão os Estados Unidos, se o virem como superior a outras nações e considerarem as ocasionais quedas em desgraça como pequenas pausas ou desvios no florescimento contínuo da liberdade, do capitalismo e da oportunidade. [...] Do outro lado, estão os historiadores que acreditam que o *amor patriæ* é alimentado quando se olha objetivamente o passado, com excrescências e tudo. Só essa clareza de visão tornará óbvio o cinismo que a História açucarada produz quando os pequenos ficam mais velhos e reconhecem as mentiras que o professor contou.[3]

E, de fato, quando se examinam os livros didáticos de História norte-americanos mais usados, encontram-se numerosos casos em que os autores parecem promover o sentimento nacional em vez de apresentar e analisar imparcialmente as informações. O uso de "nós", "nosso" e assemelhados é abundante, identificando leitor e autor com compatriotas que, em vários casos, morreram há muito tempo. Em muitos livros, o mesmo acontece com a identificação de "América" ou "a nação" como agente intencional e, finalmente, com comentários moralizantes sobre os motivos e o caráter de agentes individuais na História. Eis alguns exemplos de um livro didático de História de nível secundário muito vendido nos Estados Unidos (todos os destaques são meus):[4]

- Ao explicar a entrada dos Estados Unidos na Primeira Guerra Mundial: "A maioria dos norte-americanos, inclusive o presidente, foram atraídos para a causa britânica

---

3 Nash; Crabtree; Dunn, *History on Trial*, p.15.
4 Boorstin, *A History of the United States since 1861.*

Sobre educação

por poderosas forças invisíveis. *Falamos* a língua inglesa, [...] *nossas* leis e costumes foram construídos sobre bases inglesas. *Travamos* a Revolução Americana para preservar os *nossos* direitos como ingleses".[5]

- Quanto ao desenvolvimento do *Red Scare*, o "medo dos vermelhos" ou anticomunismo: "A loucura dessa época duraria até depois da guerra. O *vírus* da caça às bruxas e do superpatriotismo não foi fácil de curar".[6] E, adiante, durante o macarthismo: "O moral do serviço público caiu ao ponto mais baixo da *nossa* história".[7] O general Douglas MacArthur foi *"um verdadeiro herói americano"*, mas, na disputa com Truman em relação à Coreia, "mais e mais norte-americanos passaram a ver que Truman tinha razão".[8]

- Na seção sobre o movimento pelos direitos civis, Rosa Parks é descrita como uma "costureira negra cansada", enquanto Martin Luther King era "um líder natural, *americano até os ossos"*, e, na reação à segregação, ficou "indignado e entristecido, mas não zangado. Ele era um homem *ponderado* e cristão".[9]

Livros didáticos diferentes são moralizantes de maneira distintas, enfatizam virtudes e defeitos variados. Podem até discordar não só quanto à importância dos fatos, mas também quanto ao seu conteúdo moral. Mas há um consenso extraordinário de que esses comentários e essa identificação com o passado do país são adequados.

Essa prática padronizada contrasta de forma marcante com o modo como os educadores britânicos tendem a pensar no seu

---

5   Ibid., p.208.
6   Ibid., p.221.
7   Ibid., p.375-6.
8   Ibid., p.366.
9   Ibid., p.379.

trabalho. Nick Tate, ex-diretor da Qualifications and Curriculum Authority [Departamento de Currículos e Qualificações], opina que, no seu mandato em tal departamento, "havia uma associação tão generalizada entre identidade nacional, patriotismo, nacionalismo, xenofobia e racismo que era impossível falar sobre os dois primeiros sem ser acusado do resto todo".[10] Os professores de História eram os que mais tendiam a fazer essa associação:

> O principal problema é que, em geral, os professores de História redefiniram o seu papel, que seria oferecer aos alunos habilidades e conceitos em vez de lhes dar uma narrativa na qual ter um modo de vida. Desse ponto de vista, a Guerra Civil inglesa se torna um exercício de desconstrução, um exemplo de interpretações concorrentes, uma aula sobre manejar provas – e não mais um evento importantíssimo na História do país.
>
> Numa pesquisa recente sobre a visão das associações europeias de professores de História, a Inglaterra pertencia à pequena minoria que não considerava a herança importante, não queria dar muita atenção aos heróis nacionais e se perguntava se a identidade nacional seria um conceito legítimo numa sociedade diversificada.[11]

Tim Collins, porta-voz do partido Conservador para a educação, repetiu Cheney ao exigir que a História fosse matéria obrigatória até os 16 anos: "Nada é mais importante para a sobrevivência da nação britânica do que o entendimento pelos jovens da nossa herança comum e da natureza das lutas nacionais e internacionais que garantiram a nossa liberdade".[12]

Quem está certo? Deveríamos usar a escola e o ensino de História, especificamente, para promover o patriotismo?

---

10 Tate, They Come Not to Praise England but to Bury It, *The Sunday Times*, 27 ago. 2000.

11 Ibid.

12 Apud Make History Compulsory – Tories, *BBCNews*.

Sobre educação

O primeiro enigma a abordar é a observação de Tate de que vários conceitos se confundem. A xenofobia e o racismo são bem diferentes do patriotismo e da noção de identidade nacional (evitarei usar a palavra "nacionalismo" porque o seu significado é bem menos claro do que o das outras). Mas o patriotismo está sujeito a diversas interpretações. Em algumas delas, o patriota deve lealdade especial aos seus conterrâneos; deve colocá-los em primeiro lugar ao decidir o que fazer em certas situações. Isso pode soar como racismo ou xenofobia, mas não é. O patriota, por obrigação, pode perfeitamente limitar as situações em que temos de pôr os compatriotas em primeiro lugar àqueles casos em que a necessidade ou o interesse dos estrangeiros não são urgentes ou em que, simplesmente, não são mais urgentes. Consideremos uma analogia com a família: tenho a obrigação de ajudar a minha filha a fazer o dever de casa, mas não de ajudar a filha do vizinho com o dela. Entretanto, se a filha do vizinho precisar de uma transfusão de sangue para sobreviver e eu for o único doador compatível, sou obrigado a doar sangue, mesmo que, assim agindo, comprometa a capacidade de ajudar a minha filha a fazer o dever de casa (porque ficarei cansado demais).

Uma noção mais frouxa de patriotismo afirma que, quando compatriotas e estrangeiros estão ambos em necessidade, tenho permissão, mas não obrigação, de pôr os compatriotas em primeiro lugar. De acordo com esse ponto de vista, por exemplo, podemos dizer que é permissível, mas não obrigatório, fazer doações a instituições de caridade nacionais em vez de internacionais, quando essas instituições dão contribuição semelhante ao bem-estar das pessoas. O patriota é quem faz uso dessa permissão.

Mas há uma noção ainda mais frágil de patriotismo, que creio que se mescla bem com as preocupações levantadas por Cheney e Tate. De acordo com esse ponto de vista, patriota é aquele que nutre um sentimento especial de identificação com os compatriotas. Ele também pode sentir obrigação especial para com eles ou considerar que tem permissão especial de pô-los em primeiro lugar. Ou não; pode simplesmente sentir identificação e afeto pelo país e pelos compatriotas, sem que isso origine nenhuma obrigação ou permissão especiais. Nesse sentido, o patriotismo não tem nenhuma ligação real com racismo ou xenofobia. Pode até estar ligado a uma sensação de inferioridade ou vergonha nacional. Por exemplo, um britânico pode sentir certa vergonha porque a Grã-Bretanha não conseguiu se livrar da monarquia, ou um embaraço específico com a má estrutura do Estado do bem-estar social da Grã-Bretanha quando comparado ao da Suécia e ao da Dinamarca.

O que pode haver de errado em ensinar patriotismo, mesmo nesse sentido especialmente frágil?

Pensemos primeiro por que alguém quereria promover o patriotismo nesse sentido. Nem Tate nem Cheney (nem os seus críticos) são muito explícitos a esse respeito. Só parecem supor que a noção de identificação com os compatriotas seja uma coisa boa, mas não explicam por quê. Eis aqui, portanto, várias razões comuns para buscar a promoção do patriotismo:

1. *Obrigação*: na verdade, todos têm obrigação especial de pôr os compatriotas em primeiro lugar, e será mais provável que cumpram essa obrigação se aprenderem a noção de identificação nacional.
2. *Solidariedade*: a identificação patriótica ajuda a embasar a noção de solidariedade social que precisamos obter para que todos se disponham a fazer os sacrifícios necessários para conseguir e manter na sociedade uma distribuição justa de liberdades, oportunidades e recursos.
3. *Cidadania*: quem se identificar com os compatriotas achará mais fácil desenvolver e exercer as características do bom cidadão. Especificamente, será mais fácil modificar racionalmente as suas exigências quando admitir que

Sobre educação

aqueles com quem discutem são pessoas com quem se identificam.

4. *Florescimento*: a identificação com um lugar específico e o povo que nele habita é um componente importante do florescimento humano. Estar ligado aos outros dá à maioria uma contribuição importantíssima à sensação de bem-estar, e encorajar o sentimento patriótico ajuda a ter esse sentimento de ligação com os que estão mais próximos.

O que dizer dessas razões? Na verdade, é muito difícil mostrar que as pessoas têm obrigações distintas para com os seus conterrâneos que superem as obrigações mais abrangentes. O ditado "a caridade começa em casa" faz (algum) sentido como admissão de que ficaríamos surpresos com alguém que não consegue agir de forma caritativa com os mais próximos e queridos, mas que demonstrasse caridade por outros mais distantes. No entanto, ele não exprime uma ordem fundamental, caso entendamos "casa" como "país". Por que os países, cujo formato muda com o tempo de acordo com ações arbitrárias como guerras, invasões e casamentos, constituiriam com precisão comunidades de obrigação mútua? Essa pergunta é difícil de responder, mais ainda num mundo de instituições sociais e econômicas internacionais. Afinal, não só as elites nacionais interagem muito mais com membros de outras elites nacionais do que com muitos dos seus compatriotas, mas também as interações mediadas pelo mercado ocorrem o tempo todo entre indivíduos de países diferentes, e essas interações podem ser questão de vida ou morte para algumas partes envolvidas. Além disso, os próprios termos do comércio são mediados por acordos intergovernamentais; norte-americanos e europeus exercem poder sobre indivíduos dos países em desenvolvimento não só quando os seus exércitos os invadem, mas também quando os seus governos resistem às iniciativas da Organização Mundial do Comércio de proibir subsídios agrícolas. A nossa vida está profundamente interligada com a dos estrangeiros, e, para a maioria dos que vivem no mundo rico, as nossas ações envolvem mais alguns estrangeiros do que a maioria dos compatriotas.

Vale a pena examinar dois tipos de argumento a favor dos países como espaços de obrigação mútua. O primeiro se baseia na analogia que já fiz com a família. Temos obrigações especiais para com os membros da nossa família tanto quanto para com os nossos conterrâneos. Mas essa não é uma boa analogia. Os familiares mantêm entre si relações íntimas que, realmente, dão origem a obrigações especiais, principalmente entre pais e filhos. A intimidade simplesmente não é característica das relações entre pessoas da mesma nacionalidade; sequer conhecemos a maioria dos nossos compatriotas, nem temos nada em comum com eles a não ser a nacionalidade. O segundo argumento ressalta que, como temos o mesmo Estado dos nossos compatriotas, estamos em posição especialmente propícia para deixá-los vulneráveis às nossas decisões. Podemos, especificamente, comandar o Estado para exercer o poder de coação sobre eles. Assim, estamos especialmente obrigados a ajudá-los a nos alcançar como iguais no terreno político. Esse argumento tem mais força, mas é extremamente inadequado para demonstrar obrigações especiais entre conterrâneos de países poderosos. Todos sabemos muito bem que os cidadãos dos países pobres do mundo são pelo menos tão vulneráveis quanto os cidadãos pobres dos nossos países às decisões que tomamos quanto ao uso do poder do Estado. Até os cidadãos britânicos e norte-americanos mais pobres têm instituições que os protegem da vontade dos seus conterrâneos ricos de prejudicá-los por meio do uso do poder estatal. No entanto, os cidadãos dos países pobres deveriam saber que não têm essa proteção.

O patriotismo ajuda a criar o tipo de solidariedade que sustenta a vontade de fazer sacrifícios pelos outros? Ajuda os

Sobre educação

cidadãos a modificar as exigências imoderadas que fazem uns contra os outros? Ele pode fazer as duas coisas. A preocupação é a seguinte: os compatriotas não são os únicos que temos de tratar com justiça, e a política de estimular a identificação com eles com o propósito de levá-los a se tratarem melhor corre o risco, como efeito colateral involuntário, de tornar mais difícil que tratem os estrangeiros com justiça. Há uma explicação simples para a observação de Tate de que os professores de História costumam identificar patriotismo com racismo e xenofobia: muitas vezes o patriotismo britânico realmente levava consigo racismo e xenofobia. Ele está certo ao afirmar que são fenômenos distintos, mas dessa distinção conceitual não decorre que promover o patriotismo (que, em princípio, é moralmente inocente) não terá o efeito colateral de provocar xenofobia e racismo (que são moralmente vis). Em geral, na História britânica, os três fenômenos estiveram intimamente associados, e é a esse fato que reagem os professores de História. Do mesmo modo, o patriotismo alemão também é manchado pela História, assim como o de outros países. Até nos Estados Unidos, incomumente inclusivo no seu entendimento de "nação", a nacionalidade é usada às vezes (tanto por liberais quanto por conservadores) para marcar pontos *ad hominem* (a origem austríaca de Arnold Schwarzenegger foi usada por alguns adversários para lançar dúvidas sobre sua adequação ao governo do estado da Califórnia, por exemplo).

Do mesmo modo, o patriotismo pode ser usado para interromper o fluxo do debate político livre e racional dentro de um país. David Miller, importante defensor de uma forma moderada de nacionalismo, lembra o sentimento nacional mais ou menos benigno de que os britânicos costumam se orgulhar quando cita o Rato de *O vento nos salgueiros*, de Kenneth Grahame:

> Além da Floresta Selvagem vem o Mundo Selvagem. E isso é algo que não importa, nem para mim, nem para você. Nunca estive lá e

105

nunca estarei, nem você, se tiver um pingo de bom senso. Nunca mais fale disso, por favor.[13]

Compare as palavras do Rato com os versos sardônicos de Leon Rosselson:

O estado da nação me interessa demais
Quando roo uma crosta de pão no jantar
Carne com o que ganho não posso comprar
E estou emagrecendo cada vez mais
Mas é tudo pelo bem da nação.

A nação, a nação, a nação está de um jeito horroroso,
Estagflação, inflação, se todos nos unirmos, a Bretanha será
Grande de novo.[14]

Promover o patriotismo com base na solidariedade e na cidadania é brincar com fogo, mesmo que o sentimento nacional em jogo seja relativamente benigno. Pode levar a negligenciar os deveres para com os estrangeiros (esse é o perigo sugerido pelos comentários do Rato). Mas também pode levar erradamente a evitar a exigência de justiça para si mesmo (essa é a questão de Rosselson) e, mesmo que ajude as pessoas "certas" a modificar as suas exigências políticas contra os compatriotas, pode estimulá-las a fazer *exigências injustas* contra estrangeiros. Essa é uma preocupação cabível, mesmo quando o país em questão não tem um histórico especialmente condenável

---

13 Apud Miller, In Defence of Nationality, *Journal of Applied Philosophy*, v.10, n.1, p.3-16.

14 *The state of the nation is all my concern / When I'm gnawing a crust for my dinner / I can't afford meat on the money I earn / And I'm growing steadily thinner / But it's all for the good of the nation. // The nation, the nation, the nation is in such a terrible state, / Stagflation, inflation, if we all pull together we'll once again make Britain Great.* Leon Rosselson, *For the Good of the Nation*, p.13.

Sobre educação

de injustiça interna ou contra outros países. Quando esse histórico existe, os promotores do patriotismo deveriam ser especialmente cautelosos. Na verdade, às vezes o patriotismo interfere no processo de debate racional ao permitir que alguns participantes questionem a boa-fé dos adversários. Ninguém duvida que para muitos seja possível ser bons cidadãos sem ser patriotas. No entanto, quando o patriotismo é generalizado, patriotas poderão distorcer o modo como outros patriotas recebem opiniões e argumentos de não patriotas. Isso será ainda mais problemático em épocas nas quais o país em questão enfrenta, ou acredita enfrentar, algum tipo de ameaça externa.

Acho que, na verdade, a melhor defesa da promoção do patriotismo nas escolas é o argumento do florescimento. Parece correto que a sensação de identificação com os compatriotas e com o próprio país em termos mais gerais ajude muitos a entenderem o seu ambiente, a se integrarem com ele e a se sentirem bem. Tenho uma relação especialmente complicada com a nacionalidade; sou britânico de nascimento, passei a maior parte da vida adulta nos Estados Unidos e tenho um forte sentimento de identificação e afeição por ambos os países. Observo a afinidade que sinto com os britânicos principalmente quando estou nos Estados Unidos e com os norte-americanos quando estou no Reino Unido, e a minha tendência a me irritar com o antiamericanismo inglês e com a anglofilia estranhamente esnobe manifestada por alguns norte-americanos. Creio que essa é uma contribuição ao meu bem-estar, e vejo o mesmo em outros.

Mas a identificação nacional é só uma fonte de florescimento: para a maioria, suspeito que não seja tão essencial quanto a identificação com a família. É mais como o entusiasmo por um esporte ou tipo de música específico; dá uma contribuição real à sensação de bem-estar, entretanto, se não existisse, aquela pessoa o substituiria por outro entusiasmo ou *locus* de identidade. Se fosse *essencial*, haveria fortes razões para promovê-lo, com base no fato de que a escola deve promover a possibilidade de a criança levar uma vida de florescimento. Se for, porém, apenas uma entre muitas fontes valiosas, essa defesa ficará muito mais frágil. Ela se enfraquece ainda mais quando se observa que, na maioria dos países estáveis durante a maior parte do tempo, a cultura de fundo exercerá muita influência favorável ao patriotismo. Os políticos e as organizações políticas tendem a criar pressões a favor da identificação patriótica. É claro que a cultura popular é um tanto cosmopolita, principalmente fora dos Estados Unidos (porque fora desse país boa parte da cultura popular consumida vem dos Estados Unidos); mesmo assim, a maioria dos países tem uma cultura popular nativa que se infiltra na consciência das crianças. Além disso, provavelmente a nossa natureza tenha a forte tendência de se identificar com o ambiente mais próximo quando esse ambiente é razoavelmente atraente e não indevidamente hostil. Com frequência, a identificação patriótica é uma reação não inculcada ao encanto pelo país em questão.

Portanto, não acho que haja boas razões para ensinar patriotismo na escola, seja distorcendo o currículo na direção do amor ao país, seja com atos mais simbólicos, como organizar os alunos para recitar o juramento à bandeira ou assistir ao seu hasteamento, mesmo quando essas atividades forem claramente voluntárias.

Mas até agora não apresentei razões *contra* ensinar patriotismo na escola. Ensinamos muitas coisas sem justificativa específica. O que há de tão ruim em ensinar patriotismo? Há duas razões para relutar bastante a isso. A primeira refere-se a um preceito que ainda não discuti: o princípio da legitimidade. A segunda diz respeito às distorções educacionais que considero inevitáveis quando tentamos promover o patriotismo dentro de uma área temática específica.

O problema da legitimidade é bastante simples. Achamos muito importante que os Estados sejam justos. Mas também achamos importante que sejam legítimos: que gozem do

Sobre educação

consentimento dos governados. Não basta, contudo, simplesmente ter o consentimento; este só legitima na medida em que a agência consentida não tenha manipulado o povo para que consentisse. Imaginemos um pai que gozava da adoração sem reservas da filha (normalmente uma coisa boa) e depois revelasse que obteve isso com artimanhas e manipulação sistemáticas. A adoração é manchada pelo processo que a fez nascer. Do mesmo modo, diz o argumento da legitimidade, o consentimento é conspurcado quando o próprio governo o produziu, não ao conquistá-lo, mas ao fabricá-lo. Mas o sistema educacional é agente do Estado; quando permitimos que o Estado use esse sistema para produzir na população sentimentos projetados para conquistar o seu consentimento, todo consentimento de que vier a gozar ficará conspurcado como não legitimador. É exatamente algo assim que acontece quando as escolas britânicas louvam a monarquia (como algumas que frequentei) e quando as norte-americanas organizam as crianças para recitar o juramento à bandeira. O consentimento está sendo fabricado e não conquistado e, portanto, não legitima.

O segundo problema é o da distorção, que tem duas dimensões. Primeiro, temos boas razões para temer que, ao usar a sua agência (o sistema educacional) para promover o patriotismo, o Estado influencie indevidamente o caráter da visão de país que as crianças vierem a ter. Sem dúvida, os legisladores que impuseram a prática patriótica às escolas norte-americanas não pretendiam promover entre os alunos uma troca de ideias minuciosa e ponderada a respeito do que são os Estados Unidos e o que é bom e ruim no país. Em vez disso, tentavam promover a sua própria visão particularista dos Estados Unidos, associada à prática patriótica obrigatória. O patriotismo ganha força com o fato de que, em outra nação, o povo tem visões diferentes e concorrentes do que é bom nela, e um pode aprender com o outro. Distorcer esse processo de formação e reformação de visões é indesejável.

A segunda dimensão do problema da distorção se aplica especificamente a adotar a promoção do patriotismo como meta do currículo regular. Como é a disciplina mais comumente usada para a promoção do patriotismo, vou me concentrar na História, mas desconfio que o que tenho a dizer se aplique também a outras disciplinas. Pensemos sobre os propósitos que temos ao ensinar História na escola. Eis três deles:

1. *Verdade*: É legítimo tentar estabelecer e transmitir verdades históricas; ensinar o que realmente aconteceu, na medida em que sabemos. É legítimo ensinar às crianças que os europeus chegaram às Américas no século XV, que as colônias britânicas se revoltaram no final do século XVIII e criaram uma federação independente de Estados; que a diplomacia do príncipe Metternich era motivada pelo desejo de retardar pelo máximo de tempo possível o colapso da antiga ordem na Europa e que Henry Kissinger foi biógrafo de Metternich antes de se tornar secretário de Estado; que houve revoluções em toda a Europa em 1848, que Henrique VIII abandonou a igreja católica romana e criou a igreja anglicana etc.

2. *Causalidade*: É legítimo ensinar as crianças a discernir ligações causais nos processos sociais e, talvez mais importante, ensinar que existem dificuldades nesse processo. É legítimo lhes ensinar que houve discordâncias sobre os processos causais que levaram à invasão da Inglaterra em 1066; sobre os que levaram à Primeira e à Segunda Guerras Mundiais e à Guerra Civil dos Estados Unidos; sobre a queda do Império Romano e a ascensão da classe operária industrial inglesa. Deveríamos lhes ensinar que tipo de prova conta a favor ou contra as hipóteses causais e, mais importante, que muitas vezes as provas disponíveis não são completamente determinadas.

Sobre educação

3. *História local*: É legítimo se concentrar principalmente na história das instituições que se espera que a criança venha a habitar, de modo que possa negociar com elas com mais eficácia e conhecimento. No contexto norte-americano, isso significaria ensinar o desenvolvimento do sistema bipartidário e o modo como os partidos mudaram a legislação eleitoral com o tempo; a evolução da constituição, as mudanças da interpretação constitucional e o tipo de raciocínio aceito como legítimo no debate público e na revisão jurídica; o desenvolvimento dos programas do New Deal e da Grande Sociedade e os caminhos não percorridos; o modo como diversos movimentos e grupos de interesse buscaram o poder político. É legítimo ensinar isso para que a criança passe a entender as instituições dentro das quais viverá e para que pense em termos críticos sobre essas mesmas instituições, de modo que seu endosso ou sua rejeição seja ponderado e bem informado.

A minha conjetura é que a meta de induzir o sentimento patriótico interferirá nesses propósitos legítimos. Não posso provar, porque isso exigiria uma investigação exaustiva de todos os métodos de ensinar História para a qual me falta espaço. Mas pensemos em alguns casos específicos. Vejamos a primeira meta. Boa parte do que realmente aconteceu torna qualquer país visivelmente impossível de amar para quem possui uma noção efetiva de justiça. Suponho que os patriotas conservadores dos Estados Unidos estejam certos ao querer que o anticomunismo, Hiroxima, Watergate, a guerra secreta ao Camboja e a escravidão sejam citados rápida e superficialmente. A persistência da pobreza no meio do Sonho Americano e tudo o que o Estado fez em várias ocasiões para inibir o sucesso dos movimentos por justiça social são impressionantes e não podem dar boa impressão sobre o próprio país. O imperialismo britânico, por sua vez, claramente carece de atrativos, e a disposição manifesta

111

de muitas entidades da classe operária da Grã-Bretanha de se aproveitar dos benefícios do imperialismo torna difícil pensar nesse sistema de governo como fortuito na história da "verdadeira" nação. Com frequência a verdade é inconveniente e pode sofrer na busca do sentimento patriótico.

Agora consideremos a segunda meta. O educador que, em algum lugar da mente, tem o propósito de instilar o amor pelo país terá dificuldade de ensinar os processos causais que levaram à Guerra Civil dos Estados Unidos, ainda mais com os prováveis preconceitos que as crianças terão. Conversei com dois colegas sobre as diversas maneiras como nos ensinaram as causas da Guerra Civil norte-americana. Um colega branco do Sul aprendeu que a guerra pretendia proteger o direito dos Estados contra incursões do governo federal, cada vez mais poderoso; um colega negro do Norte aprendeu que pretendia preservar a União e abolir a escravatura; eu (no Reino Unido) aprendi que pretendia criar um mercado de trabalho flexível e liberalizar o comércio. Só uma dessas explicações lança boa luz sobre o caráter moral da guerra; embora não seja a menos plausível, não é a mais plausível, e as outras têm *alguma* plausibilidade. O professor preocupado em transmitir a capacidade de pensar racionalmente sobre ligações causais deve encorajar a reflexão à luz das melhores provas que puder apresentar e desencorajar a distorção dessa reflexão pelo desejo, seu ou de algum aluno, de apresentar os fatos sob luz favorável.

Provavelmente, a preocupação patriótica ao ensinar a Guerra Civil norte-americana também inibirá a terceira meta, pois ela foi a primeira guerra em que sociedades inteiras se mobilizaram, resultando num imenso número de mortes e em devastação econômica. Como resultou na emancipação dos escravos e como os efeitos injustos da escravidão persistem até o presente, ela continua a ter lugar importante na história moral que os norte-americanos contam a si mesmos sobre o seu país. Não se pode entender as instituições políticas contemporâneas dos Estados

Sobre educação

Unidos sem um quadro acurado da Guerra Civil, mas é improvável que ensinar a complexidade dos motivos de ambos os lados (muitos dos quais eram moralmente odiosos, mais uma vez de ambos os lados) contribua para o amor ao país.

Depois do seu primeiro encontro com a história do movimento pelos direitos civis, a minha filha (então com 6 anos) voltou para casa e me falou de Rosa Parks. Ela me repetiu o mito que lhe contaram de que Rosa Parks era uma "velha senhora negra e cansada" que, certo dia, simplesmente decidiu que se recusaria a ir para os fundos do ônibus, provocando assim o moderno movimento pelos direitos civis. Vimos anteriormente que isso se repete no livro didático de Boorstin (que é para alunos do curso secundário), e os leitores norte-americanos deste livro quase com certeza ouviram isso durante o tempo de escola, e alguns podem até acreditar.[15] Estritamente falando, é verdade que Parks era uma costureira negra, embora ninguém que já tenha decidido desobedecer à lei publicamente consiga acreditar que ela estivesse cansada. O que se transmite é que ela simplesmente acabou explodindo e pensou algo como "Não vou mais admitir isso", e que essa recusa espontânea provocou um movimento espontâneo de protesto.

É um mito muito conveniente que reflete certa visão romântica, mas factualmente inexata da maneira como acontecem as mudanças sociais. Na verdade, Parks era uma agitadora política que se formara na famosa Highlander School, que até hoje tem papel importante no treinamento e no desenvolvimento de ativistas radicais. Ela foi escolhida pela National Association for the Advancement of Colored People (NAACP, Associação Nacional pelo Avanço das Pessoas de Cor) para o papel que desempenhou exatamente porque tinha raízes profundas na comunidade e era

---

15 Não tenho dados sérios sobre o que realmente se acredita sobre Rosa Parks, mas todos a quem fiz essa pergunta que, de algum modo, já não fossem esquerdistas convictos não conheciam o seu papel de organizadora política.

muito respeitada. A organização acreditava que ela teria o vigor e a vontade férrea necessários para travar uma luta prolongada e o apoio generalizado necessário para vencer. Ensinar sobre Rosa Parks de maneira a perpetuar o mito patriótico de pessoas grandiosas que relutam em entrar em conflito com a injustiça vai distorcer a maneira como as crianças passam a entender os processos políticos de que elas mesmas acabarão participando, mesmo quando o que se diz, estritamente falando, não é falso.

O sentimento patriótico é complexo. Traz boas consequências, tanto para a pessoa que o vivencia quanto para os outros. Também traz más consequências. Ensinar patriotismo na escola corre o grave risco de violar o princípio liberal da legitimidade, de distorcer e estreitar a visão que as crianças têm do país e de interferir na capacidade da escola de cumprir algumas obrigações pedagógicas. Em resumo, não devemos fazê-lo.

7
A educação para a cidadania deveria ser obrigatória?

Até 2002, não havia no Reino Unido esforço sistemático com coordenação nacional para inculcar cidadania nas crianças por meio da escola. Muitas destas incorporaram por conta própria a preocupação com a cidadania na sua declaração de missão, no seu *éthos* e nas práticas de ensino. Por exemplo, há muito tempo é comum ensinar tolerância em aulas de educação religiosa (sendo essa uma das poucas matérias obrigatórias do sistema de 1944 a 1988) e usar as aulas de Inglês e, em menor grau, de História para ensinar as crianças a raciocinar sobre questões morais e políticas. Nas escolas inglesas também há uma antiga tradição de usar jogos (esportes) como área de ensino das virtudes da boa cidadania, especificamente, trabalho em equipe, liderança e como ser bom perdedor e vencedor generoso.

Mas, em 2002, a educação para a cidadania passou a fazer parte do currículo nacional obrigatório das escolas da Inglaterra e do País de Gales. É uma parte pequena do currículo obrigatório, e as instituições têm bastante liberdade para integrá-la à vida escolar. O currículo nacional lembra que as escolas primárias deveriam visar a "abranger o conhecimento, o entendimento e a habilidade que preparam os alunos para desempenhar papel ativo como cidadãos. Assim se promove o desenvolvimento pessoal e social dos alunos, inclusive saúde e bem-estar". As escolas secundárias deveriam visar a:

> refletir sobre a necessidade de assegurar que os alunos tenham compreensão clara do seu papel, direitos e responsabilidades em relação à comunidade local, nacional e internacional. As três linhas do programa de estudo a serem ensinadas são:
> • Conhecimento e compreensão de como se tornar um cidadão bem informado.
> • Desenvolver habilidades de investigação e comunicação.
> • Desenvolver habilidades de participação e ação responsável.

Os Estados Unidos não têm um programa nacional parecido. Entretanto, há numerosas fundações privadas dedicadas a promover a educação cívica ou para a cidadania nas escolas, vários estados incorporam a preocupação com a promoção da cidadania nos seus padrões estaduais e algumas escolas a incorporam ao currículo de Estudos Sociais. Uma declaração de intenções bem comum é a do Departamento de Instrução Pública do Estado de Indiana:

> A educação para a cidadania examina a conduta do indivíduo como parte de uma sociedade democrática. O comportamento externo da "boa cidadania" é identificado por meio da participação na sociedade mais ampla com comportamentos que contribuam para o "bem comum". A educação para a cidadania começa em tenra idade, quando enfatizamos as regras do bom comportamento social assim como os benefícios a serem obtidos com essas ações. Na escola, a educação para a cidadania é desenvolvida com a participação em sala de aula, eleições, oportunidades de tomar decisões, ação social em benefício da comunidade e oportunidades semelhantes para os alunos sentirem que fazem parte da comunidade maior e que as suas contribuições têm valor. As oportunidades para a boa cidadania na

Sobre educação

escola podem se traduzir em maior envolvimento com a comunidade quando adulto, com maior participação eleitoral, serviço em júris e envolvimento em esforços comunitários de melhoria.[1]

Não fica claro até que ponto escola e professor realmente incorporam esses padrões. Como as escolas norte-americanas não são inspecionadas nem avaliadas com profundidade e como a maioria dos administradores sofre muitas pressões, é fácil imaginar que isso não é prioridade.

No Capítulo 4, defendi que a escola deveria ter como um dos seus objetivos dotar os alunos das habilidades, do conhecimento e dos hábitos que tendem à boa cidadania, entendida de um modo bem exigente. Uma aparente consequência disso talvez fosse que eu devesse ver com bons olhos as iniciativas para promover a educação para a cidadania. Mas, como sempre, tudo é um pouco mais complicado.

A educação para a cidadania foi adotada no Reino Unido sem muita oposição e, como indicam os meus comentários sobre educadores norte-americanos no capítulo anterior, ela é popular em todos os aspectos políticos nos Estados Unidos. Assim, vale lembrar o que provocou o movimento pela educação para a cidadania antes de examinar alguns problemas e armadilhas que a escola enfrenta para promover a boa cidadania.

É claro que são vários os argumentos para impor ou estimular a educação para a cidadania, mas um dos mais importantes, tanto nos Estados Unidos quanto no Reino Unido, diz respeito à redução do nível de compromisso cívico dos cidadãos. Essa redução do compromisso é deduzida a partir de dois fenômenos: (a) o declínio no longo prazo do comparecimento de eleitores às eleições e (b) a redução do que alguns cientistas políticos chamam de "capital social" – a riqueza que a sociedade obtém com as interações sociais regulares e frequentes entre os indivíduos na

---

1 About Citizenship Education, *Indiana Department of Public Instruction*.

sociedade civil, como a participação em sindicatos, igrejas, clubes esportivos, ligas de boliche, associações de pais e mestres etc. A observação é que os indivíduos estão menos envolvidos com a comunidade, assim como com a vida política do país, e que isso tem um efeito ruim sobre o resultado político e a capacidade da sociedade de atender às necessidades dos cidadãos.

O problema desse argumento é que, na verdade, ele não é favorável à educação para a cidadania na escola. Se achamos que os jovens saem da escola como cidadãos incapazes ou ruins, isso é ruim. Mas não é esse o fenômeno observado. Observamos baixa participação em vários processos importantes, cuja explicação pode estar na estrutura desses processos e não nos próprios cidadãos.

Podemos pensar nas possíveis barreiras à participação na vida cívica e política como pertencentes a duas categorias, isto é, à material e à subjetiva. Quais são as explicações materiais da queda de participação? A tecnologia possibilitou e a economia tornou racional um novo relacionamento entre casa e trabalho. Mais gente mora mais longe do trabalho e, portanto, tem muito menos probabilidade de morar perto dos colegas. Assim, há uma clivagem maior entre as redes de vida profissional e doméstica. Todos trocam de emprego e moradia com mais frequência do que antigamente, de modo que os laços de amizade com vizinhos e colegas são mais frágeis e mais difíceis de desenvolver. Moram mais longe da família estendida, o que eleva o custo de criação dos filhos (e portanto da participação na atividade cívica e política). Trabalham mais horas, com menos tempo disponível para o lazer e a participação. A mudança da situação das mulheres as deixou mais relutantes em subsidiar o envolvimento dos homens nas questões públicas e carregar todo o fardo da criação dos filhos e das tarefas domésticas; também deixou a elas e aos homens com quem estão casadas mais ansiosos para ficarem juntos. Cada uma dessas mudanças (algumas más, outras boas) constitui um fator material da queda de participação na vida cívica e política, mas

Sobre educação

a educação para a cidadania pouco, ou nada, fará para resolvê--las. Na medida em que as barreiras materiais à participação explicam o declínio, não há razão para acreditar que melhorar a educação dos cidadãos aumentará a participação, porque ela não ataca os fatores sistêmicos. A educação para a cidadania não é, portanto, uma panaceia para a enfermidade moral das sociedades capitalistas contemporâneas nem para a queda do nível de participação no processo político e na sociedade civil. No entanto, quando nos voltamos para as explicações subjetivas da menor participação, a educação para a cidadania parece mais útil. Tanto no sistema político norte-americano quanto no britânico, os partidos políticos controlam um oligopólio, porque os sistemas tornam dificílima a concorrência efetiva de novos partidos. Assim, os partidos visam ao eleitor mediano, com enorme detrimento do debate político, e o efeito é que é difícil para os cidadãos ter acesso a informações confiáveis. Espera-se que a maioria dos eleitores nos Estados Unidos participe de dez ou mais níveis de governo, e os partidos políticos norte-americanos são notoriamente frouxos: saber que um candidato é democrata ou republicano transmite pouquíssimas informações sobre como ele se comportará no cargo. Muitas questões políticas são extremamente complexas, e é difícil para o cidadão obter as informações técnicas exigidas e refletir sobre elas. Até os jornalistas de veículos "sérios" costumam ter uma compreensão tênue dos métodos das ciências sociais e físicas e pouca familiaridade com a análise estatística, de modo que, em geral, a sua apresentação de questões complexas é simplesmente errada.

Até na medida em que os fatores subjetivos são responsáveis pela queda de participação, seria melhor atacá-los com a reforma dos sistemas e não com a educação para a cidadania. Imaginemos, por exemplo, que Sandy seja uma pessoa articulada, bem informada e racional, habituada a refletir cuidadosamente sobre o ponto de vista e os argumentos dos outros e disposta a rever as suas opiniões à luz dessa reflexão. Que razão teria para votar na corrida presidencial norte-americana de 2004? Os dois principais candidatos não eram muito diferentes na maioria das questões importantes. Os candidatos evitaram fazer campanha na maioria dos estados, porque a estrutura do sistema eleitoral assegurava que a eleição seria decidida em poucos campos de batalha estaduais. A menos que morasse num desses campos de batalha estaduais, Sandy teria todas as razões para acreditar que, mesmo que apoiasse com paixão um dos candidatos, o seu voto não teria nenhum valor. Quanto a participar da campanha, como ambos os candidatos contavam quase inteiramente com contribuições de doadores ricos e com a estratégia de "arrancar o voto", na qual os voluntários nunca envolvem os outros em discussões dos problemas, Sandy encontraria pouca oportunidade de exercer aí as suas virtudes de cidadania. Talvez tentasse participar de disputas políticas de nível mais baixo, mas nesse caso teria difícil acesso a informações confiáveis sobre os candidatos.

Os numerosos níveis de governo e a complexidade das leis de acesso às urnas fazem o sistema partidário de cada nível não se alinhar bem com o dos outros. Consideremos os seguintes cargos: presidente dos Estados Unidos (mandato de 4 anos); Senado (mandato de 6 anos); Congresso (mandato de 2 anos); governador de estado (mandato de 4 anos); funcionários estaduais como tesoureiro e supervisor de educação (geralmente, 4 anos); senador estadual (2 ou 4 anos), deputado estadual (em geral, 2 anos); cargos jurídicos dos condados (em geral, 2 ou 4 anos); executivo e supervisor do condado, prefeito municipal, vereador e outros cargos de cidades e condados como procurador-geral do distrito, secretário-geral etc. (todos normalmente com 2 a 4 anos de mandato). Quase todos esses cargos têm eleições primárias e gerais. As disputas locais de muitos estados são apartidárias, isto é, as cédulas não contêm informações sobre a filiação partidária do candidato e as informações acerca de sua filiação partidária nas outras disputas eleitorais a cargos municipais, estaduais e federais são bem diferentes. A reforma dos sistemas eleitoral, deliberativo e de financiamento de campanhas seria muito mais útil a Sandy do que aumentar a educação para a cidadania.

Ainda assim, a escola tem de enfrentar o fato de que essa reforma demorará a acontecer, e talvez seja verdade que, embora de forma ineficiente, a educação para a cidadania possa ajudar a atacar esses fatores subjetivos. Para isso, teria de se concentrar em esclarecer a estrutura do sistema político e transmitir estratégias para obter informações e avaliá-las, familiarizando os alunos, por exemplo, com alguns princípios básicos de análise estatística. Não se trata de uma panaceia, mas não é necessariamente inútil.

As observações precedentes, se corretas, indicam que as reformas não ligadas à escola podem ser mais úteis para produzir a participação responsável dos cidadãos. No entanto, na ausência dessas reformas, a escola, mais uma vez, talvez tenha de compensar a deficiência educacional. O tipo certo de educação para a cidadania pode nos ajudar a produzir cidadãos melhores. Mas podemos esperar o tipo certo de educação para a cidadania?

Pensemos nos problemas. Primeiro, os programas de educação para a cidadania precisam do tipo certo de meta: têm de se concentrar na concepção bem exigente de cidadania racional que elaborei no Capítulo 4. O problema é que cada organismo que propõe a educação para a cidadania tem a sua própria concepção de boa cidadania, e alguns organismos sequer revelam a sua concepção. Assim, por exemplo, os padrões de Indiana que citei anteriormente promovem "maior participação eleitoral, serviço em júris e envolvimento em esforços comunitários de melhoria", mas nada dizem sobre a capacidade de se envolver racionalmente com os argumentos dos outros nem sobre evitar reivindicações que não se possa justificar com o uso da razão comum. O Relatório Crick, que defende a introdução da educação para a cidadania no Reino Unido, enfatiza o dever de participar das questões públicas, mas não de raciocinar cuidadosamente sobre essa participação.[2]

Em segundo lugar, a educação para a cidadania exige um grande reservatório de professores bem equipados para ensinar hábitos, informações e habilidades relevantes. Até os princípios de análise estatística são difíceis de ensinar, e tanto os Estados Unidos quanto o Reino Unido enfrentam grave escassez de professores de Matemática habilitados. Mas o professor de educação para a cidadania precisaria de uma boa base não só em estatística, mas também numa grande variedade de outras matérias, como História, Teoria Política e Economia.

Ensinar a criança a raciocinar e argumentar com racionalidade sobre questões contenciosas e com carga emocional pode ser ainda mais difícil. Naturalmente, os professores ficarão apreensivos com a sensibilidade dos alunos e com as forças externas à sala de aula prontas a atacar caso excedam a sua área de atuação. Alguns pais temerão que os filhos estejam sendo doutrinados; outros, que os filhos não estejam sendo suficientemente questionados e só tenham os seus preconceitos confirmados. Numa classe heterogênea, será difícil evitar que pelo menos um desses temores seja alimentado.

Pesquisas recentes sobre o ensino de questões éticas e sociais advindas da evolução da pesquisa biomédica verificaram que os professores lidam com essas questões de forma bem diversificada.[3] Resumindo: os professores de Ciências acharam que era seu papel ensinar os fatos e estavam mal equipados para tratar da ética envolvida. Os professores de Humanidades, por outro lado, viam o ensino de questões controvertidas como relativamente não problemático, mas costumavam achar que nem sempre os

---

2 *Education for Citizenship and the Teaching of Democracy in Schools.*

3 Levinson et al. Constraints on Teaching the Social and Ethical Issues Arising from Developments in Biomedical Research. In: Cross; Fensham (Orgs.). *Science and the Citizen. For Educators and the Public.*

Sobre educação

fatos científicos estavam disponíveis de forma acessível a eles. No entanto, a pesquisa não examina o que os professores de Humanidades acham que são valores nem, por exemplo, se endossam o relativismo moral ou a objetividade sobre valores. A minha conjetura com base nessa e em outras pesquisas é que, atualmente, poucos professores estão bem equipados para ensinar as questões controvertidas que a educação para a cidadania inevitavelmente envolveria. Parece que, em ambos os lados da linha divisória entre Ciências e Humanidades, há muitos professores que creem em uma distinção simples entre "fato" e "valor" e que os padrões para pensar sobre cada lado da distinção são completamente diferentes. Os profissionais que preparam recursos para a educação para a cidadania e dão treinamento ao corpo docente terão de trabalhar muito para superar a sensação, tanto das crianças quanto de muitos professores, de que não há padrões rigorosos para pensar sobre valores. A própria educação do professor tem de levar isso em conta. Nos Estados Unidos, a maioria das universidades tem inúmeros docentes com bastante experiência em ensinar questões controvertidas, não no departamento de Educação, mas nos de Filosofia, Retórica e Ciência Política. Os que ensinam questões controvertidas logo concluem que precisam estar muitíssimo bem informados sobre as questões propriamente ditas para facilitar a discussão e identificar quando é provável que se torne explosiva e para serem exímios em elaborar as questões morais que os alunos apresentam por conta própria. Seria bom que os educadores de professores aproveitassem essa experiência, mas também que a conduzissem. (Os filósofos, em particular, não se destacam pela noção de como as coisas funcionam no mundo não acadêmico.)

Em terceiro lugar, tanto as autoridades que elaboram as exigências curriculares quanto os próprios professores precisam ter consciência da possibilidade de tendenciosidade política no ensino e estar bem equipados para evitá-la. James Tooley, uma das poucas vozes críticas quando a educação para a cidadania foi adotada no Reino Unido, vê tendenciosidade na própria elaboração do currículo. Ele afirmou que o comitê que recomendou a reforma, longe de empregar um conjunto consensual de valores, defendeu o ensino de uma versão específica de ideologia esquerdista:

[É] bastante fácil perceber uma pitada de viés político a se insinuar a cada passo no relatório [Crick]. Afinal de contas, "comércio ético, pacificação e manutenção da paz" e "pobreza, fome, doença, caridade e direitos humanos" parecem ser todos, reconhecidamente, tijolos de um credo político perceptível, concentrado no subdesenvolvimento, nos males do capitalismo global e em como as Nações Unidas podem resolver tudo. Enquanto isso, "preconceito, xenofobia, discriminação, pluralismo" e "oportunidades iguais e igualdade entre os sexos" também poderiam ser tijolos de outro credo político esquerdista.[4]

Na prática, há dois modos possíveis de entender essa objeção. O primeiro é que os valores estão errados e não deveriam ser ensinados nem servir de base para o arcabouço no qual se ensina a cidadania. Na verdade, acho que acusar o Relatório Crick de apresentar viés esquerdista é exagerado: embora (como esquerdista) eu a ache mais dura para com os não esquerdistas do que para com o comitê que produziu o relatório. Os direitistas acreditam em comércio ético: só que num padrão ético diferente dos esquerdistas. Também acreditam em pacificação e manutenção da paz, embora discutam com os esquerdistas, assim como estes discutem entre si, qual a melhor maneira e a melhor agência para alcançá-las. É muito difícil encontrar direitistas que sejam contrários à caridade: para ser justo, tradicionalmente, quem dela desconfia é a esquerda. A xenofobia não é propriedade exclusiva da direita (como eu, estrangeiro que

---

4 Tooley, *Reclaiming Education*, p.145.

Sobre educação

viveu muito tempo nos círculos esquerdistas norte-americanos, sei muito bem), e esquerdistas sóbrios sabem que muitos direitistas são cosmopolitas.

As discordâncias entre esquerda e direita simplesmente não são captadas pelas palavras citadas por Tooley: elas configuram discordâncias de interpretação dos valores pertinentes, do peso a lhes atribuir e de como institucionalizá-los. Uma das tarefas fundamentais dos educadores para a cidadania (e dos educadores em geral, de cidadania ou não) é assegurar que os alunos venham a entender exatamente isso e desenvolvam habilidades críticas que lhes permitam refletir racionalmente sobre o debate político. Por isso, embora concorde com Tooley que os educadores deveriam evitar vieses políticos, não vejo na educação para a cidadania nada de especial nem de incomum nesse aspecto. A menor maneira de assegurar isso é ensinar aos próprios alunos as habilidades importantes de perceber tendências e doutrinação.

A segunda maneira de entender o comentário de Tooley é que, mesmo que os valores estejam certos, seria impróprio para o governo usá-los como base para ensinar cidadania, porque são questionados por pessoas racionais. Por que alguém pensaria que os valores certos não deveriam ser ensinados às crianças? A opinião pode *parecer* estranha, mas não é. Na verdade, essa versão da preocupação de Tooley está intimamente ligada à concepção de legitimidade liberal por trás da visão de boa cidadania que apresentei no Capítulo 4. Nele, defendi que os bons cidadãos se absterão de reivindicar medidas que só possam justificar com base em razões que sabem que os outros não poderiam aceitar, porque, em certo sentido profundo, são particulares. A razão da importância disso é que o Estado legítimo é capaz de obter o consentimento dos seus cidadãos racionais; e o Estado que justificasse as suas ações com base em razões que os cidadãos não poderiam aceitar perderia o direito àquele consentimento.

Na formulação que venho usando, não apresentei como exigência de legitimidade que os cidadãos realmente consintam com o Estado. Essa exigência seria forte demais: o fato de cidadãos irracionais, insanos ou sedentos de sangue dissentirem não compromete a legitimidade. Mas também nada disse sobre os mecanismos que produzem o consentimento. Recordemos a discussão do Capítulo 6 em que vimos que o consentimento legítimo deve ser conquistado e não fabricado, mesmo que o Estado em questão mereça, em certo sentido, o consentimento que obtém. O problema da educação para a cidadania é que ela pode reforçar o temor de que o Estado está obtendo o consentimento de uma forma não legítima. Talvez ensinar educação para a cidadania seja, de forma relevante, como jogar uma droga no sistema de fornecimento de água que induza o consentimento.

Há alguma razão para esse medo. Novamente, porém, o peso que se dá a ele depende da concepção de cidadania escolhida e da maneira de ensiná-la. Consideremos os seguintes comentários assustadores de William Galston, teórico político que foi assessor de política nacional da Casa Branca durante o primeiro mandato de Bill Clinton como presidente:

> [Seria] temerário concluir que, nas sociedades liberais, o choque entre a investigação racional e a educação cívica deixou de existir. [...] No nível prático, poucos indivíduos adotarão os compromissos centrais da sociedade liberal por meio de um processo de investigação racional. Para levar as crianças a aceitar esses compromissos como válidos e obrigatórios, o método deve ser uma pedagogia muito mais retórica do que racional. Por exemplo, a pesquisa histórica rigorosa quase certamente justificará descrições "revisionistas" complexas de personagens importantes da História norte-americana. No entanto, a educação cívica exige uma História mais nobre e moralizadora: um panteão de heróis que confiram legitimidade a instituições fundamentais e sejam merecedores de emulação. É pouco realista acreditar que, nas sociedades liberais,

Sobre educação

mais do que alguns cidadãos adultos cheguem algum dia a ir além do tipo de compromisso cívico gerado por tal pedagogia.[5]

Já lancei dúvidas sobre a propriedade de ensinar o apego patriótico, mas o que Galston sugere aqui é que, sejam quais forem as virtudes da boa cidadania, é otimista demais esperar que se desenvolvam em resposta a provas e argumentos. O gancho emocional é necessário e, em condições normais, será construído de maneira enganosa. Se preferir, é isso o que faz o mito de Rosa Parks como "velha costureira negra e cansada" que encontramos no capítulo anterior, pois fisga os alunos para uma determinada concepção de boa cidadania por meio de uma história que tem mais força emocional para uma criança ou adolescente do que a verdadeira história de um movimento calculado e bem organizado de criadores de problemas.

A pedagogia moralizadora que Galston recomenda não está livre de perigos práticos. Quando permite tal pedagogia, o governo deixa a elite que tem acesso fácil à História "revisionista" numa situação desconfortável que pode levar ao desprezo pelas instituições do Estado ou pela massa cuja lealdade se baseia em falsidades. A sociedade que apoia a investigação livre e permite acesso relativamente fácil ao seu resultado também facilita que agitadores daquela elite exacerbem as crises periódicas de legitimidade às quais estão sujeitas todas as sociedades livres. Na crise, a lealdade é mais segura quando se baseia na reflexão racional bem informada do que quando se baseia em pedagogias demagógicas.

Mais importante, em princípio, do que a dubiedade do cálculo político de Galston é a relação entre essa pedagogia e a possibilidade de obter legitimidade real. Não só os educadores cívicos de Galston visam a inculcar uma cidadania complacente e inaceitável, como também o próprio método envolve enganar

---

5 Galston, *Liberal Purposes*.

127

Harry Brighouse

sistematicamente os futuros cidadãos, erigindo barreiras graves ao consentimento crítico e bem informado ao qual a legitimidade aspira.

Mas isso não significa que toda educação para a cidadania será ilegítima. Em vez disso, aponta algumas diretrizes para ensiná-la. Enquanto visamos a produzir boa cidadania, também visamos a fazê-lo de forma legítima. Isso significa que os educadores para a cidadania têm de instilar nos alunos, na idade apropriada, hábitos de investigação cética e a tendência a submeter a exame racional todos os valores e princípios, inclusive aqueles em que se baseia o Estado. Deveriam evitar o emprego de mitos enganosos a serviço da educação para a cidadania. Além disso, embora tenham o direito, principalmente quando ensinam crianças menores, a usar ganchos emocionais para atrair os alunos para aprender, precisam examinar o viés desses ganchos e a sua tendência de inibir o raciocínio reflexivo.

Agora, uma última preocupação sobre a educação para a cidadania. Provavelmente, a concepção de cidadania que apresentei só poderá ser inculcada, se estimularmos os alunos a examinar racionalmente os compromissos e pressupostos políticos seus e dos outros. Mas, como ressaltou Amy Gutmann, que desenvolveu a concepção de cidadania que apoio, as habilidades envolvidas na "reflexão política não podem se diferenciar impecavelmente das habilidades envolvidas na avaliação do próprio modo de vida".[6]

A maioria das mesmas habilidades e virtudes necessárias e suficientes para educar a criança para a cidadania numa democracia liberal (ou todas elas) são aquelas necessárias e suficientes para educá-la para deliberar sobre o seu próprio modo de vida, falando em termos mais gerais (e menos políticos).[7]

---

6 Gutmann, Civic Education and Social Diversity, *Ethics*, v.105, n.3, p.578.
7 Ibid., p.573.

Sobre educação

O defensor da educação para a cidadania do tipo que apoio enfrenta o mesmo problema que o defensor da educação que facilita a autonomia: alguns pais resistirão vigorosamente ao regime educacional no qual os filhos, ainda que indiretamente, sejam estimulados e equipados para refletir racional e criticamente sobre as opiniões que deles recebem.

Uma resposta a essa preocupação é simplesmente manter-se firme. Como esses pais não têm o direito de impor as suas opiniões aos filhos, a escola não faz nada de errado ao estimular a reflexão crítica. Mas essa postura geral pode ter um custo muito alto no tocante ao próprio valor que se tenta promover, isto é, a boa cidadania. Consideremos, mais uma vez, o caso Mozert discutido no Capítulo 5. O casal Mozert fez objeção a que os filhos fossem submetidos a uma forma branda de educação para a cidadania exatamente com base na concepção de que isso solaparia a sua crença nas opiniões religiosas dos pais. Com efeito, o Estado resistiu a eles com firmeza. As crianças envolvidas acabaram em escolas religiosas fundamentalistas, as crianças não religiosas das escolas públicas foram privadas da heterogeneidade que a sua presença criaria e os empreendedores religiosos sectários tiveram outra história forte para promover a alienação entre os cristãos fundamentalistas e as instituições públicas dominantes. Para mim, é difícil acreditar que, nesse caso específico, as consequências de se manter firme na promoção da boa cidadania foram superiores às consequências de uma postura mais flexível. Nos Estados Unidos, é ainda mais difícil que a estratégia de "manter-se firme" tenha boas consequências gerais, porque os pais recalcitrantes sempre podem recorrer a escolas particulares praticamente sem regulamentação.

Por essa razão, me parece que a estratégia certa varia de acordo com o contexto. Os formuladores de políticas deveriam ser tão condescendentes com os pais quanto necessário para produzir o melhor resultado dentro do contexto, e condescendentes da maneira que produza o melhor resultado. No Reino

Unido, desconfio que as autoridades possam se dar ao luxo de serem menos condescendentes do que nos Estados Unidos, onde há muito mais oposição popular a elementos específicos da educação para a cidadania e onde a cultura pública tem mais probabilidade de ser afetada pela disputa de forma prejudicial à produção da boa cidadania.

Como conclusão, a defesa da obrigatoriedade da educação para a cidadania é muito mais complicada do que parecia quando defendi a meta de produzir bons cidadãos no Capítulo 4. Os problemas de ensinar cidadania não pesam contra ela de forma decisiva. No entanto, ajudam a nos alertar para a necessidade de recursos e educação para os professores encarregados de ensinar essa disciplina e a ter consciência de alguns riscos de ensinar cidadania do jeito errado.

Conclusão

A ideia normativa que norteia este livro é a de que a educação deveria promover o florescimento humano, entendido de forma pluralista. Na Primeira Parte, expliquei que isso significa que quatro ideias básicas deveriam configurar o currículo e o *éthos* da escola. Primeiro, defendi que a escola deveria facilitar o forte interesse da criança de se tornar um adulto autônomo e capaz de se autogovernar. Depois, defendi que deveria capacitá-la a se tornar autossuficiente em termos econômicos, na medida do possível, e que essa e as outras metas deveriam ter precedência sobre a exigência de crescimento da economia. Em terceiro lugar, defendi que deveria melhorar o futuro bem-estar da criança, considerado em termos mais gerais. Finalmente, defendi que a escola deveria visar a produzir cidadãos responsáveis e ponderados, capazes de aceitar as exigências de justiça e obedecer à norma da reciprocidade.

Na Segunda Parte, examinei três questões controvertidas que dizem respeito à escola no contexto atual. Defendi que o apoio estatal à escola religiosa é bastante compatível com os valores defendidos na Primeira Parte e, pelo menos em algumas circunstâncias, é o melhor rumo a tomar. Mostrei que inculcar o patriotismo por meio da escola é extremamente problemático e, por fim, argumentei que, embora a educação para a cidadania seja totalmente adequada, é improvável que seja uma panaceia, além de ser dificílimo implantá-la bem.

A guiar a minha discussão de todas as questões institucionais está a ideia de que as metas que estabeleci na Primeira Parte não são, na verdade, metas da escola, mas da educação, um processo que envolve pais, escolas e outras instituições públicas, inclusive a cultura em termos mais gerais. Assim, o que a escola deveria realmente fazer e como ela deveria se estruturar dependem da melhor maneira de atingir as metas no contexto social real onde ela se localiza, levando em conta o efeito de retroalimentação [*feedback*] que a estrutura escolar tem sobre as demais instituições, inclusive a família.

Pode parecer trapaça só mencionar isso na conclusão, mas negligenciei várias complexidades que gostaria de destacar aqui.

A primeira é que eu não disse nada sobre a distribuição de oportunidades educacionais e sobre a possibilidade de que a distribuição justa possa interferir em algumas metas que mencionei. Por exemplo, se a distribuição justa exigir que todos sejam educados de modo a se encontrarem como iguais no mercado de trabalho, isso pode entrar em conflito com a meta de facilitar o bem-estar da criança no longo prazo. Consideremos o deslocamento cultural vivenciado por filhos de famílias imigrantes, caso decidam seguir carreiras que exijam a assimilação da cultura dominante. Para algumas crianças, facilitar essas carreiras pode, no decorrer do tempo, ter o efeito de minar algumas fontes de florescimento importantes para elas. Acho que esse é um problema bem grave para os educadores de algumas crianças imigrantes e da classe operária, e guardei silêncio a respeito dele, em parte, porque não creio que tenha algo muito esclarecedor a dizer sobre o assunto.

Do mesmo modo, no livro inteiro adotei o pressuposto simplificador de que as metas defendidas na Primeira Parte são

Sobre educação

congruentes; isto é, que podem ser buscadas ao mesmo tempo e com eficácia. Acredito que isso seja verdade em circunstâncias ideais, mas, como já admiti, não atuamos em tais circunstâncias. Pode haver conflitos entre promover a boa cidadania ou facilitar a autonomia e promover o florescimento da maneira como o entendo. Não negligenciei essa possibilidade por não ter nada a dizer, mas porque queria, num livro curto, exibir a estrutura de como pensar sobre as relações entre valores particulares e a instituição da escola. As questões ficam muito mais complicadas quando consideramos a possibilidade de incongruência entre os valores e o que ela pode nos exigir como educadores e formuladores de políticas. Espero que a defesa que aqui apresentei ofereça aos leitores pelo menos um arcabouço para pensar sobre os conflitos.

Também negligenciei por completo o possível conflito entre buscar essas metas e aquilo que considero como restrição à educação obrigatória. A escola é uma atividade voltada para o futuro – na criança que ensinamos, promovemos o desenvolvimento de conhecimentos, habilidades e hábitos que lhe servirão quando adulta. Contudo, ela acontece no presente: entre os 4 e os 18 anos, a criança é obrigada a frequentar a escola durante aproximadamente 15 a 20 mil horas de sua vida. Mesmo que não fosse obrigada, sofreria enorme pressão para comparecer, porque muito do seu bem-estar futuro depende disso. Se o local que a criança é forçada a frequentar causa infortúnio à sua vida nesse período, ela é submetida a um mal grave. A escola deve ser um lugar no qual o bem-estar imediato de cada aluno seja levado a sério e promovido. Os males que ela pode impor são vários: a criança pode correr grave risco físico, sofrer agressão psicológica ou, simplesmente, ficar solitária. Os administradores escolares são obrigados a estruturar a escola de modo que proporcione um ambiente agradável para a criança, e precisam assegurar que nenhuma delas seja submetida a condições que tornem infelizes os seus dias de aula.

Devo enfatizar que não sugiro que os professores devam estar constantemente atentos à autoestima da criança, menos ainda que devam "emburrecer" o currículo para promover essa qualidade. Em geral, a autoestima é mais bem servida por um currículo acadêmico desafiador apresentado de forma rigorosa do que quando se tenta promovê-la diretamente. Também é difícil para a escola saber como promover a autoestima sem mais informações sobre a vida doméstica do aluno além das que costumam estar disponíveis. Mas às vezes a vontade e os sistemas necessários para impedir que os dias de aula sejam infelizes podem tirar recursos das outras metas que a escola deve cumprir. Ignorei a possibilidade desse conflito e não gostaria de dizer que, quando ele acontece, a meta de evitar sofrimento seja sempre mais importante. De qualquer modo, é uma meta importante e que não deveria ser inteiramente negligenciada na busca das metas voltadas para o futuro.

Finalmente, gostaria de reiterar um comentário que fiz na introdução. A sociedade faz exigências imensas a escolas e professores e, extraordinariamente, lhes dá pouco apoio. Os políticos vivem pedindo notas mais altas e culpando os professores quando elas não vêm, e, quando elas aparecem, às vezes, acusam os serviços de provas de padrões frouxos. Nos Estados Unidos e no Reino Unido, a política macroeconômica mantém um nível elevado de pobreza infantil, mas os formuladores de políticas esperam que a escola tenha desempenho tão bom quanto o observado em sociedades que praticamente eliminaram a pobreza infantil. Muitas crianças estão imbuídas de uma cultura pública materialista que desvaloriza o aprendizado e a vida intelectual e louva o dinheiro e a fama imerecida. Durante a infância, gastam milhares de horas assistindo a anúncios de coisas que lhes fazem mal, feitos por quem não tem nenhum interesse no bem-estar do público a quem anunciam. Os pais estão menos inclinados do que há 40 anos a confiar na escola e apoiá-la quando faz exigências a seus filhos ou tenta lhes

Sobre educação

impor a disciplina. O gasto escolar real aumentou nesse período, mas não acompanhou o aumento das expectativas de que a escola ensine a crianças que precisem de educação especial ou que venham de ambientes muito carentes. Ao mesmo tempo, evaporou-se o subsídio oculto de que gozava a escola pública porque mulheres talentosas estavam formal ou informalmente excluídas de outras profissões. Em outras palavras, a escola recebeu uma tarefa que, na melhor das circunstâncias, é difícil, mas que tem de cumprir em circunstâncias que não são as melhores. Depois, é responsabilizada por não atingir um padrão tão alto quanto impossível.

Suponho que os leitores deste livro pertençam a duas categorias: professores e não professores. Espero que os professores não tenham encontrado censura nos meus argumentos, que os levem a sério e os submetam à crítica, à luz da sua experiência e da sua razão. Espero que os não professores façam o mesmo, mas também, se forem convencidos pelos meus argumentos, que considerem a si mesmos, e à sociedade como um todo, responsáveis por criar fora da escola um ambiente para a criança que apoie, em vez de inibir, a escola no cumprimento dessas metas.

Referências bibliográficas

ABOUT Citizenship Education. *Indiana Department of Public Instruction*. [s.d.]. Disponível em: http://www.doe.state.in.us/charactered/citizenshiped.html. Acesso em: 18 abr. 2005.

BATES, Stephen. *Battleground*: one mother's crusade, the religious right, and the struggle for control of our classrooms. New York: Poseidon Press/Simon & Schuster, 1993.

BOORSTIN, Daniel J. *A History of the United States since 1861*. Needhan, MA: Pearson/Prentice Hall, 2005.

BRIGHOUSE, Harry. *A Level Playing Field*: reforming private schools. London: Fabian Society, 2000.

_____. Channel One, the Anti-Commercial Principle, and the Discontinuous Ethos. *Educational Policy*, Thousand Oaks, v.19, n.3, 2005.

_____. *School Choice and Social Justice*. Oxford: Oxford University Press, 2000.

CHENEY, Lynne. The End of History. *Wall Street Journal*, New York, 20 out. 1994.

EDUCATION for Citizenship and the Teaching of Democracy in Schools. London: Qualifications and Curriculum Authority, 1998.

FELDMAN, Sandra. A Commentary on Public Education and Other Critical Issues. *The New York Times*, New York, 3 out. 1999. (Declaração.)

FRANK, Robert. *Luxury Fever*. Princeton, IL: Princeton University Press, 1999.

_____; COOK, Philip. *The Winner Take All Society*. London: Penguin, 1996.

GALSTON, William. *Liberal Purposes*. New York/Cambridge: Cambridge University Press, 1991.

GARDNER, Howard; CSIKSZENTMIHALYI; Mihaly; DAMON, William. *Good Work*. New York: Basic Books, 2001.

GRAYLING, Anthony C. Keep God out of Public Affairs. *Observer*, London, 12 ago. 2001.

GUTMANN, Amy. Civic Education and Social Diversity. *Ethics*, Chicago, v.105, n.3, 1995.

_____; Thompson, Dennis. *Democracy and Deliberation*. Cambridge, MA: Harvard University Press, 1994.

HIRSCH, Fred. *Social Limits to Growth*. Cambridge, MA: Harvard University Press, 1976. [Ed. bras.: *Limites sociais do crescimento*. Rio de Janeiro: Zahar, 1979.]

KASSER, Tim. *The High Price of Materialism*. Cambridge, MA: MIT Press, 2002.

LAYARD, Richard. *Happiness*. London: Penguin, 2005.

LEVINSON, R. et al. Constraints on Teaching the Social and Ethical Issues Arising from Developments in Biomedical Research: a view across the curriculum in England and wakes. In: CROSS, Roger T.; FENSHAM, Peter J. (Orgs.). *Science and the Citizen. For Educators and the Public*. Melbourne: Arena Publications, 2000. (Melbourne Studies In Education.)

LINN, Susan. *Consuming Kids*. New York: Basic Books, 2004.

MAKE History Compulsory – Tories. *BBCNews*, 31 jan. 2005. Disponível em: http://news.bbc.co.uk/1/hi/education/4209075.stm. Acesso em: 18 abr. 2005.

MILLER, David. In Defence of Nationality. *Journal of Applied Philosophy*, v.10, n.1, p.3-16, 1993.

NASH, Gary; CRABTREE, Charlotte; DUNN, Ross E. *History on Trial*. New York: Vintage Books, 2000.

NOSICH, Gerald M. *Learning to Think Things Through*: a guide to critical thinking in the curriculum. Upper Saddle River, NJ: Prentice Hall, 2001.

PATTERSON, Orlando. *Freedom in the Modern World*. New York: Basic Books. [No prelo.]

RAZ, Joseph. *The Morality of Freedom*. Oxford: Oxford University Press, 1987.

ROSSELSON, Leon. *For the Good of the Nation*. London: Journeyman Press, 1981.

SCHOR, Juliet. *Born to Buy*. New York: Scribner, 2004.

STUART MILL, John. *On Liberty*. New York: Norton, 1975.

SWIFT, Adam. *How Not to Be a Hypocrite*: school choice for the morally perplexed. London: RoutledgeFalmer, 2003.

TATE, Nick. They Come Not to Praise England but to Bury It. *The Sunday Times*, London, 27 ago. 2000.

THE WORLD BANK. *Priorities and Strategies for Education. A World Bank Review*. Washington: The World Bank Publications, 1995.

TOOLEY, James. *Reclaiming Education*. London/New York: Cassell, 2000.

TRY IT and See. *The Economist*, London, 28 fev. 2002.

WAITE, Linda. *The Case for Marriage*. New York: Doubleday, 2000.

WHITTY, Geoff; ROWE; Gabrielle; AGGLETON, Peter. Subjects and Themes in the Secondary-School Curriculum. *Research Papers in Education*, v.9, n.2, 1994.

WOLF, Alison. *Does Education Matter?* London: Penguin, 2002.

Índice remissivo

almoço na escola, 60
amish, 13-6
aprendizado de idiomas, 8-10, 54
atividades extracurriculares, 56, 58-9
Austen, Jane, 53
autonomia, 14-25, 78-9, 86-8
   caráter social da, 19-20
   e escola religiosa, 80-1, 90-2
   e florescimento, 15-6
   e traços de caráter, 17-20
autossuficiência (sensação de), 29, 31-3

Banco Mundial, 36
BBC Radio Four, 6
Bellamy, Francis, 95
Bryant, Kobe, 89

capital social, 117-9
Channel One (EUA), 89-90
Cheney, Lynne, 96-7, 100-2

cidadania, 63-74, 80-1, 93-4, 104-5
Collins, Tim, 100
comercialismo, 49-50
"componente transversal do currículo", 55
compras, 51-2
concessão de renda básica, 29, 31, 33
crescimento econômico, 28, 35-41
   e florescimento, 38-41
currículo acadêmico, 2, 23, 34-5, 53-5, 134

deficiência física, 31, 66
deliberação, 19-20, 63-4, 67-72, 121
desigualdade educacional, 9
dislexia, 33
divórcio, 49
Dodd, Ken, 48

economia posicional, 40-1
educação para a cidadania,
115-130
e tendenciosidade política,
123-5
justificativas da, 117-22
educação para motoristas, 56-7
educação que facilita a
autonomia, 21-5
e composição da escola, 21-2
e currículo, 23-5
e o *éthos* da escola, 21-3
educação vocacional, 34
ensino de história, 110-4, 115
ensino de questões
controvertidas, 122-3
escola (em contraste com
educação), 6-7
escola obrigatória, 7-9
escolas muçulmanas (Reino
Unido), 90-1
escolas religiosas, 77-94
éthos (da escola), 21-3, 59-62,
72-3

Feldman, Sandra, 79-80, 82, 93
felicidade, 46-9
e florescimento, 47
financiamento de campanha
política, 66, 121
florescimento, 15-6, 25, 28,
43-61
e autoconfiança, 29
e bem-estar subjetivo,
37-40, 47
e bens culturais, 54
e *éthos* da escola, 59-62

e felicidade, 46-9
e identificação racional, 98-9,
101-3, 105
e lazer, 52
e materialismo, 46
e paternalismo, 43-5, 52-3
e posição relativa, 46
e renda, 46
e trabalho, 28-35, 43
Frank, Anne, 84
Frank, Robert, 39

Galston, William, 126-7
Graf, Steffi, 32
Grahame, Kenneth, 105
Grayling, Anthony, 79, 82-3, 93
Guerra Civil (EUA), 110, 112-3
Gutmann, Amy, 68, 128

Hirsch, Fred, 40
homossexualidade, 17

interesse dos pais na educação,
14-5, 18-20, 43-4, 78-9, 91-3

juramento de lealdade à
bandeira, 5, 88, 95-6, 108-9

Kant, Immanuel, 14

Layard, Richard, 30, 46, 48
legitimidade (dos governos), 69,
108-9, 125-8

marketing para crianças, 49-50,
87-90
matrículas, 91-3

Mill, John Stuart, 24-5
Miller, David, 105-6
mobilidade geográfica, 49
movimentos de auxílio
    financeiro, 78-81, 91
Mozert contra Hawkins,
    84, 129

Nash, Gary, 96, 98
norma da reciprocidade,
    68-72
    defendida, 68-9
    objeções a, 69-72

Parks, Rosa, 65, 99,
    113-4, 127
paternalismo, 43-5, 52-3
patriotismo, 95-114
    e obrigação mútua, 103-4
    razões do, 102-8
    e solidariedade, 104-6
    variedades de, 101-2
pobreza, 1, 46
preço acima dos rubis, Um, 17

racionalidade, 68-9, 72-3,
    83, 122
Rawls, John, 68
religião
    e cidadania, 69-73
    e educação, 24, 77-94

renda, 29, 31-3, 40, 46
Rimbaud, Arthur, 53
Rosselson, Leon, 106

Schor, Juliet, 50, 52
secularização, 83
Seles, Monica, 32
separação entre igreja e Estado,
    79, 81-8
sexo, 36-7
sexualidade, 17, 70
Shakespeare, William, 53
Sócrates, 14
Sports Illustrated for Kids, 89
status, 40-1

Tate, Nick, 100-2, 105
teoria do capital humano, 27-9,
    34-41
Thompson, Dennis, 68
Tooley, James, 123-5
trabalho, 27-33
    equilíbrio entre vida e
    trabalho, 53-4

vento nos salgueiros, O, 105
virtudes, 18

Woods, Tiger, 32

Yoder contra Wisconsin, 13, 16

SOBRE O LIVRO

Formato: 14 x 21 cm
Mancha: 23,1 x 40 paicas
Tipologia: Iowan Old Style 10/14
Papel: Pólen Soft 80 g/m² (miolo)
        Cartão Supremo 250 g/m² (capa)
1ª edição: 2011

EQUIPE DE REALIZAÇÃO

Edição de Texto
Sonia Midori Yamamoto (Copidesque)
Tatiana Ferreira (Preparação de original)
Angélica Ramacciotti (Revisão)

Capa
Estúdio Bogari

Editoração Eletrônica
Sergio Gzeschnik (Diagramação)

Assistência Editorial
Alberto Bononi

Impressão e Acabamento

FARBE DRUCK
gráfica e editora ltda.